마스터 실용한자

Master Practical HanJa

마스터 실용한자

초판 1쇄 인쇄 2010년 11월 09일
초판 1쇄 발행 2010년 11월 16일

지은이 | 박상욱
펴낸이 | 손형국
펴낸곳 | (주)에세이퍼블리싱
출판등록 | 2004. 12. 1(제315-2008-022호)
주소 | 157-857 서울특별시 강서구 방화3동 316-3번지 한국계량계측협동조합 102호
홈페이지 | www.book.co.kr
전화번호 | (02)3159-9638~40
팩스 | (02)3159-9637

ISBN 978-89-6023-455-0 03700

마스터 실용한자

Master Practical HanJa

박상욱 저

ESSAY

머리말
3주간(週間)의 집필을 마무리하며

.

實

질풍노도(疾風怒濤)처럼 10여 권의 컴퓨터 서적을 연달아서 집필했던 때가 엊그제 같은데, 벌써 10년이 넘는 시간이 흘렀다. 다행히 책 집필(執筆)을 그만둔 다음에도 블로그나 홈페이지 작업 등 컨텐츠 제작을 꾸준히 했었기에 집필 능력은 전혀 녹슬지 않았고, 오히려 향상되어 가고 있었다.

10여년 만에 컴퓨터 전문서적이 아닌 일반 대중들이 사용하는 한자교재를 만들고 나니, 마음이 뿌듯하고 독자들에게 어떤 평가(評價)를 받을지 가슴이 설레기도 한다.

子曰, 人之生也直 罔之生也 幸而免

The Master said, "Man is born for uprightness, If a man lose his uprightness, and yet live, his escape from death is the effect of mere good fortune."
子の曰わく,人の生くるは直し,これを罔いて生くるは,幸にして免るるなり.

實

필자(筆者)가 중고등학교 시절을 언뜻 회상해 보니, 한문 시간이 지옥(地獄)과도 같은 시간이었고, 한문 시험은 바닥을 기는 수준의 성적을 거두었다. 영어 단어는 그럭저럭 외웠는데, 한자와 고사성어(故事成語)들은 왜 그렇게 안 외워지던지….

무엇보다도 영어는 알파벳을 소리내어 읽으면서 외우면 되었는데, 한자는 읽으면서 외우기 힘들었고, 영어단어는 사전에서 찾기 쉬운데, 한자는 옥편(玉篇)에서 찾기 상당히

불편한 점이 많았다(부수로 찾다 실패하고, 총획으로 찾다 포기한 적이 많았다).

유럽이 세계를 제패(制霸)한 것도, 중국이 근대(近代)에 와서 몰락(沒落)한 것도 알파벳과 한자의 영향이 어느 정도 있지 않았을까?

그러한 가운데에서 필자는 중고등학교 시절부터 우표 수집과 더불어, 신문(新聞)에 있는 '영화광고'를 오려서 스크랩하는 취미를 갖고

있었다. 이것을 차곡차곡 모으다 보니, 방대한 분량의 영화자료가 되었고, 또한 신문의 영화광고를 보면서 나름대로 한자로 된 광고카피들을 대충 어림

잡아 익히는 습관을 터득하기 시작했다.

그런대로 신문 영화광고를 통해 한자를 익히는 방법이 딱딱한 한자 교재를 가지고 공부하는 방법보다 훨씬 재미있고, 학습효과도 높았다. 하지만 여전히 필자 자신의 한자실력은 신문을 읽기에는 턱없이 부족한 상태였다.

그러한 가운데 대학진학 이후, 당시 모든 대학 서적들 내용에 한문(漢文)이 예상외로 많이 포함되어 있었고, 80~90년대 당시 신문(新聞)들도 대부분 한자들로 도배(塗褙)되어 있어서, 뜻(訓)은 모르더라도 음(音)을 알지 못하면 읽지 못하는 어려움이 있었다.

實

한자없이 지낸지 40여년, 우리 국어(國語)가 한자를 다시 보듬어야 한다는 이야기들을 많이 한다. 또 중국의 팽창(膨脹)에 따라 필요성이 급증하고 있는 중국어(中國語)를 겨냥하는 '징검다리로서의 한자'의 역할(役割)이 강조되고 있다.

한자공부가 돼 있으면 중국어 배우기가 쉽고, 더 고급스런 언어 구사가 가능하다. 일본어(日本語)도 마찬가지다. 한자는 중국과 중국어(中國語)를 겨냥하는 징검다리다. 한자를 알면, 자라나는 어린 학생들이 모든 과목에 밝은 눈을 가지게 된다.

독서(讀書)와 생각의 방법에도 큰 변화를 갖게 된다. 문리(文理)에 밝아지는 것이다. 글에 대한 명쾌(明快)한 이해는 좋은 성적을 부를 수밖에 없다.

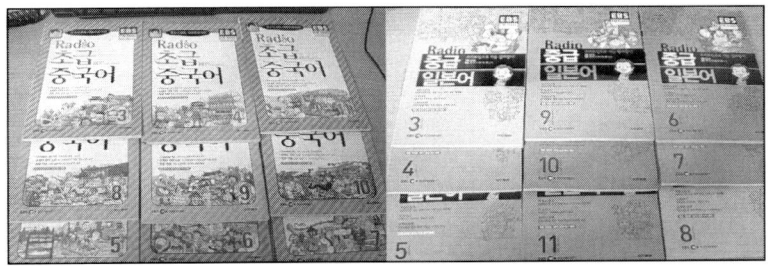

實

지금 우리 사회의 가장 왕성(旺盛)한 30대, 40대 인력(人力)들 중에 '한자 문맹(文盲)'이 퍽 많은 것 같다. 그래서 한자를 제대로 알지 못하는 이들이 이런 디지털 변환(變換)작업이나 한자폰트 제작작업 등에 나서고 있는 까닭이 아닌가 생각해 본다. 그들을 탓할 수만도 없다. 거의 50년, 우리 사회와 학교에 제대로 된 한자교육이 없었던 까닭이라고 볼 수 있다. 초/중/고교, 심지어 대학(大學)의 교수님들조차 한자를 가르치는 것은 물론, 이해하는 것도 어려워진 상황(狀況)이라고 한다.

이제 한자공부하는 사람들이 점점 많아지고 있다니, 그나마 다행이다. 그들에게 마땅히 등대(燈臺)가 되어야 할 사전, 특히 젊은이들이 많이 활용하는 인터넷 옥편(玉

篇)이 더 활성화되어야 할 이유이기도 하다.

實

한자교재를 완벽하게 활용하기 위해서는 무엇보다도 교재를 수평(水平)으로 펼쳐놓고, 공부하기 편해야 한다. 대형(大型) 문구점이나 대학서점 등에서는 고객(顧客)들의 편의를 위해, 책에 플라스틱 링이나 스프링 작업을 해서 분철화(分綴化) 시키는 작업을 해준다.

본 서적을 가지고 가볍게 읽으면서 공부해도 좋지만, 한자는 아무래도 직접 쓰면서 공부해야 확실하게 습득(習得)하는 만큼, 분철작업을 통해 학습할 것을 적극 권장한다.

實

한문학(漢文學)을 전공한 분들이 집필한 한자교재에 비해서는 깊이가 많이 부족한 저서(著書)이지만, 이 책을 통해 많은 독자들이 좀 더 쉽고 재미있게 한자단어들을 습득하기 기원(祈願)한다.

마지막으로 이 책이 나오기까지 많은 노력을 기울여 주신 '에세이퍼블리싱' 관계자 여러분과 물심양면(物心兩面)으로 지원해 주신 부모님께 감사(感謝)의 말을 전하고 싶다.

2010년 10월 3일, 새벽을 여는 개천절(開天節) 아침에

도봉산 기슭에서

차례

Second Month

부록

Master Practical HanJa

First Month

1. 皇帝 : 황제

① 대한제국(大韓帝國) 때, '임금'을 높여 부르는 말.

② 중국(中國)에서 청(淸)나라까지 쓰였고,

'천자(天子)'라는 이름으로 불리기도 하였음.

皇 : 임금 황

㉠ 王(왕)의 象徵(상징)인 커다란 冠(관)이 받침 위에 놓여 있는 모양.

㉡ 最高(최고)의 왕이란 뜻.

帝 : 임금 제

㉠ 하늘에 제사지낼 때, 제수를 올려놓은 젯상의 모양을 본뜸.

㉡ 변이(轉)하여 천신(天神), 또 황제의 뜻으로 씀.

---

2. 韓龍哲 : 한용철

① 재미동포 영화배우로서,

1970년대 한국의 태권영화에 주로 출연함.

② 용호대련, 돌아온 외다리, 분노의 왼발,

내이름 쌍다리 등에 주연으로 출연한 경력이 있음.

韓 : 한국 한 / 나라 한

㉠ 뜻을 나타내는 가죽 위(韋)部와

　　음(音)을 나타내는 부수를 제외한 글자 (간)으로 이루어짐.

㉡ '에워싸다'는 뜻을 가진 韋(위)와

　　음(音)을 나타내며 동시에 '우물 구덩이'의 뜻을 나타내는

　　부수(部首)를 제외한 글자 (간)으로 이루어짐.

㉢ '우물가를 에워싸는 우물난간'의 뜻.

龍 : 용 롱(용)

㉠ 竜(롱)의 본자(本字).

㉡ 머리 부분(部分)에 辛(신) 모양의 장식(裝飾)이 있는

　　뱀을 본떠, 용의 뜻을 나타냄.

哲 : 밝을 철

㉠ 뜻을 나타내는 입 구(口 : 입, 먹다, 말하다)部와

　　음(音)을 나타내는 折(절 → 철은 변음)로 이루어짐.

㉡ '죄를 하나하나 들어 말하며 꾸짖다'가 원뜻.

㉢ 변이(轉)되어 '잘 알다'의 뜻이 되었음.

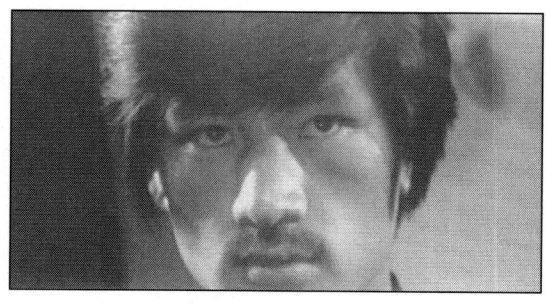

皇						
임금 황						
帝						
임금 제						
皇	帝					
황	제					
韓						
한국 한						
龍						
용 룡(용)						
哲						
밝을 철						
韓	龍	哲				
한	용	철				

※ 반복연습을 원하시면 깨끗한 상태로 복사해서 사용하세요.

天 천	子 자					
竜 용 룡(용)						
轉 바뀔 전						
折 꺾을 절						
韋 가죽 위						
口 입 구						
淸 맑을 청						

※ 반복연습을 원하시면 깨끗한 상태로 복사해서 사용하세요.

태껸(托肩戱 : 탁견희)과 태권도(跆拳道)

역사적으로 볼 때 태권도는 태껸의 근대화적 변형으로 볼 수 있다.

▲ 디지털 기술로 복원한 고구려 안악 3호분 벽화

고대부터 존속해온 근원을 알 수 없는 민속무술인 태껸은 그 형태나 체계에 있어서 전혀 조직화, 통일화, 체계화되어 있지 않았고, 오늘날과 같은 태껸단체나 협회 등은 1980년대 들어 등장한 것들로서 과거에는 전혀 없었던 것이다.

'제기차기'나 '씨름'과 같은 형태로 민간에 전승되던 태껸이 근대화의 물결을 타고, 보다 앞서 근대화를 통해 제도화를 이룩한 가라데(空手道) 등의 외국 무술의 경로를 따라 단급 체계나 협회 등의 조직화, 제도화를 이룬 형태가 바로 오늘날의 태권도인 것이다.

보통 일반 대중을 상대로 광범위하게 누구든 희망할 경우, 무술을 지도한다는 의미의 '스포츠 교습장소'와 같은 형태의 '관(館)' 혹은 오늘날의 '도장(道場)'이나 '협회(協會)'등과 같은 무술 행정조직은 전통적인 동아시아 문화권에서는 불과

▲ 대쾌도(유숙) :
19세기 종이에 채색, 105×54cm,
서울대학교 박물관 소장

100년 전까지도 매우 생소한 것이었다.

우리나라의 경우, 정조대왕 당시의 '연무재(研武齋)'나 고려 예종 때의 '무학재(武學齋)' 등 무술을 전문적으로 지도하고 수련하는 기관이 있었으나, 오늘날의 도장이 대중(大衆)을 상대로 무술을 지도하는 것과는 달리, 귀족 등 엘리트층만을 상대로 한다는 점에서 그 성격상 근본적인 차이점이 있다.

중국의 경우도 주로 가족을 중심으로 전수되거나, 혹은 일대일(person-to-person)의 사제 관계로 전래되는 것이 일반적 관행이었으며, 예외적으로 '백련교도'나 '의화권' 등의 예들에서 보듯 종교적 비밀결사 등에서 무술을 수련하기도 했었다.

또한 중국은 오늘날까지도 '우슈'라는 단일 명칭하에 통일화하려는 시도가 있긴 하지만, 아직도 다양한 명칭의 가문 전통무술이나 도장이나 단체가 아닌 개인적 전승에 의한 무술전수 등 제도화나 수련체계 면에서 그 같은 전근대적 모습을 많이 갖추고 있는 형편이다.

다들 알다시피, 대중 일반을 상대로 한 현재와 같은 무술도장(武術道場)은 동아시아 3국 중 일찍이 서구 문화를 수입하여 근대화를 이룩한 일본에서 생겨난 현상이다.

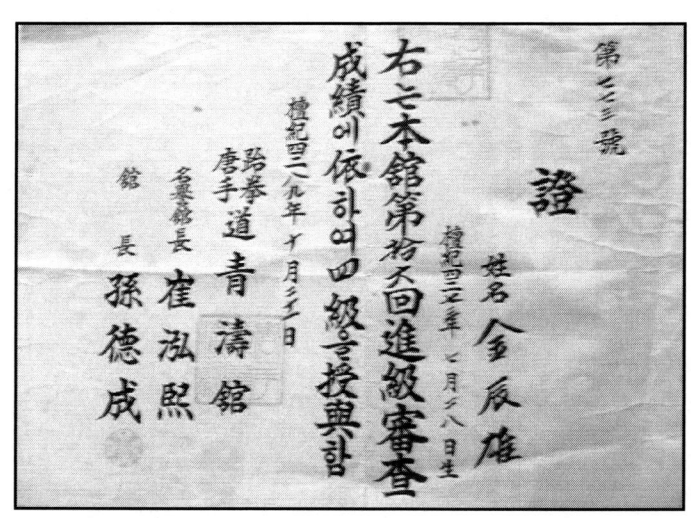

▲ 초창기 청도관(靑濤館) 단증

태권도사 서술 방식의 수정방향

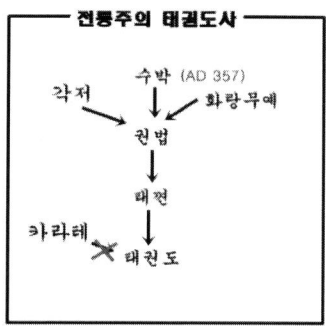

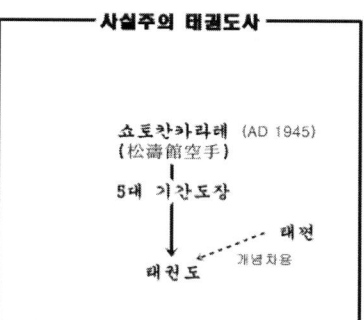

19세기 근대 문물과 함께 수입된 서구 스포츠의 대중적 성격 및 그 규칙의 통일성/협회의 일원화(一元化)에 의한 행정의 제도화 등에 영향을 받은 일본의 '무술도장'이라는 사회 현상은 일제의 불법 강점(强占)을 겪으며 근대화 과정을 거친 한국은 물론, 조계지(租界地 : 외국인 거주지) 및 영토 점령 등으로 역시 일본의 영향하(影響下)에 근대화 과정을 겪은 중국에도 영향을 미쳐, 중국에서는 상해(上海)의 일본 조계지에 1910년 곽원갑이 '정무관(精武館)'을, 한국에서는 일제 고등 문관시험을 합격한 이원국이 1944년 경성에 '청도관(靑濤館)'을 설립하게 된 것이다.

20세기 초 중반에 걸쳐 등장한 이같은 새로운 무술 지도기관은 장소적 의미만을 갖는 것

▲ 십팔기 교본 《무예도보통지》의 정조 서문

이 아니라, 수련체계나 기술의 통일 및 규격화/단급 체계 등의 정립으로 인해, 동아시아 무술의 '제도화(制度化)'를 이룬 현상이었던 것이다.

이러한 과정에서 태견이 이전의 비체계적인 모습에서 탈피하여 기본 동작이 공식화(公式化)/통일화(統一化) 되고, 태견 본래의 겨루기(맞서기) 기술과는 일정한 차이를 보이는 품새(형) 등이 고정화되기에 이른다.

그 과정에서 태견 전래의 기술은 주로 태권도의 겨루기 기술속에 용해되어 들어가고, 주로 외래적인 수련체계의 영향을 받은 품새는 태견 본래의 비형식이면서 실용적이던 모습과는 다른, 고정화/형식화된 가라데 동작 등이 주류를 이루는 **수련 체계의 이원화(二元化)** 현상이 발생되면서 점차 오늘날의 태권도의 모습, 즉 **실용적인 겨루기 기술과 형식적인 품새기술이 공존**하는 형국을 이루게 된다.

P.S)

'체육(體育)'이라는 용어는 원래 고대 동양에서는 없던 말이다. 이 용어는 1890년경 일본인들이 서양의 'physical education'을 번역하면서 만들어 낸 조어(助語)이다. 동양에는 대개 '무예(무술)' 아니면 '잡기(雜技)' 또는 '놀이(戱 : 희)'였다. 이외에는 별달리 대신할 만한 용어가 없었기 때문이다. 현대의 스포츠는 무술과 잡기의 중간쯤으로 이해되거나, 잡기 혹은 놀이에 가깝다고 해야 할 것이다.

어쨌거나 놀이든, 잡기든, 스포츠든, 그것들 대부분은 고대 무예에 그 기원을 두고 분화되어 발전해 왔다는 데에는 이의가 없다.

신문한자 영화광고

3. 前夜祭 : 전야제

어떤 축제일(祝祭日) 등의 전날 밤에 행하는 축제(祝祭)

前 : 앞 전 / 자를 전

뜻을 나타내는 선칼도방(刂〈=刀〉: 칼, 베다, 자르다)部와

음(音)을 나타내는 부수(部首)를 제외한 글자

전(止+舟은 탈것으로 앞으로 나아가다 → 나아가다 → 앞)이

합하여 이루어짐.

夜 : 밤 야

㉠ 뜻을 나타내는 저녁 석(夕 : 저녁)部와

음(音)을 나타내는 亦(역시 역)의 생략형이 합하여 이루어짐.

㉡ 夕(석)은 月(월 : 달)과 같음.

㉢ 음(音)을 나타내는 亦(역 → 야는 변음)은

'사람 몸의 양 겨드랑이'를 나타냄.

㉣ 夜(야)는 하루를 사람 몸에 비교해

그 옆구리에 달을 그린 모양 → '새벽녘'을 상징.

㉤ 나중에 '해질녘에서 새벽까지의 전체'를 가리키게 되었는데,

낮에 비해 밤은 '곁에 있는 것'으로 생각했기 때문임.

祭 : 제사 제

㉠ 又(우 : 손)와 왼쪽 글자(夕 : 고기 육⟨肉⟩)의 합자(合字).

㉡ 옛 字形(자형)은 신에게 바치는 고기에 술을 손으로 뿌려

　　깨끗이 하고 있는 모양을 나타냄.

㉢ 나중에 祭壇(제단)의 모양인 示(보일 시)를 붙여 祭(제)라 씀.

㉣ 신(神)과 사람의 접촉을 뜻함.

---

4. 斷行 : 단행

　　결단(決斷)하여 실행(實行)함.

斷 : 끊을 단

㉠ 斷(단)의 본자(本字).

㉡ 부수(部首)를 나타내는 斤(근 : 도끼 → 끊는 일)과

　　부수(部首)를 제외한 글자 𢇍(계 : 실을 이음)의 합자(合字).

㉢ 나무나 쇠붙이를 끊다 → 일을 해결함.

行 : 다닐 행, 항렬 항

㉠ 대법원 인명용으로는 항, 행.

㉡ '네거리 → 굽지 않고 바로 가는 일',

　　'나중에 가다 → 하다'란 뜻과

　　'行列(항렬) → 같은 또래'란 뜻의 두 가지로 나누어짐.

前						
앞 전						

夜						
밤 야						

祭						
제사 제						

前	夜	祭				
전	야	제				

斷						
끊을 단						

断						
끊을 단						

行						
다닐 행						

※ 반복연습을 원하시면 깨끗한 상태로 복사해서 사용하세요.

斷 行						
단 행						

斷 行						
단 행						

繼						
이을 계						

亦						
역시 역						

又						
오른손 우						

斤						
도끼 근						

示						
보일 시						

※ 반복연습을 원하시면 깨끗한 상태로 복사해서 사용하세요.

태권도 품새와 품세

1. 품세 : 태권도에서 공격과 방어의 기본 기술을 연결한 연속동작.

2. 1987년도 이전에 '품세'라고 표기하였고, 한글사전에도 '품세'라고 표기되어 있다. 그러나 현재 국기원에서는 사용하는 용어는 1980년대 중반에 한글화의 일환으로 '품새'로 개정하여 현재까지 통용되고 있다.

품새라는 용어는 '품'과 '새'가 합성된 순수한 우리말로, '품'은 불완전 명사로 동사 밑에 붙어서 동작이나 모양 등을 나타내는 말이며, '새'는 모양새, 맵시(Appearance), 꼴(Shape) 등을 의미한다.

▲ 석굴암 입구에 버티고 서있는 수문신장인 '금강역사(金剛力士)'

3. 틀 : 품세, 기본동작들의 묶음으로 이루어진 전술적 의의(意義)를 가지는 동작을 이르는 북한말.

4. 품새(Poomsae) : 태권도에서 공격과 방어의 기술을 규정된 형식에 맞추어, 지도자 없이 수련할 수 있도록 이어놓은 동작을 말한다. 겨루기 기술향상과 동작 응용능력, 그리고 기본 동작에서 익힐 수 없는 특수기술을 연마할 수 있는 장점을 지니고 있다.

한글사전에는 '품세'라고 표기되어 있으나 1980년대 중반 국기원(國技院)에서 태권도 용어 한글화의 일환(一環)으로 '품새'로 개정하였다. 품새는 순수한 우리말인 '품'과 '새'의 합성어이다. '품'은 불완전 명사로 동사 밑에 붙어서 동작이나 모양 등을 나타내는 말이며, '새'는 모양새, 맵시, 꼴 등을 의미한다.

품새는 품새를 할 때 발의 위치와 그 이동 방향을 선(線)으로 표시한 품새선에 따라 수련하며, 태극(1장부터 8장까지)/고려/금강/태백/평원/십진/지태/천권/한수/일여의 10가지 종류가 있다.

5. 품새 = 품(品 : 모양) + 새(기운, 맵시) : 품새란 명칭은 깊이 생각해 보아야 할 중요한 의미가 담겨 있다. 품새는 〈품〉과 〈새〉의 두 글자가 합쳐서 만들어진 단어이다. 그 각각의 뜻을 살펴보면, 〈품(品)〉은 '모양이나 법식(法式 : 방법)'을 일컫고, 〈새〉는 순수한 우리말로서 '기운, 맵시, 꼴, 됨됨이' 등을 뜻한다. 태권도에서는 〈품(品)〉자를 두 가지 뜻으로 사용한다.

첫째 뜻은 태권도 1품, 2품이라고 하듯이 물건이나 벼슬아치의 등급(等級)을 매기는 단위로 '품'자를 사용한다. 둘째는 모양(模樣)이나 법식(法式)을 가리키는 뜻으로 품행(品行), 품성(品性), 기품(氣品) 등의 일반적인 말로 쓰이는데, 품새라고 할 때는 이 두번째 뜻을 일컫는다.

〈새〉라는 말에는 '맵시' '꼴' 등 세련된 모양을 나타내는 의미 뿐 아니라, '기운(氣運)' '됨됨이' 등의 뜻을 내포하는데 생김새, 짜임새, 쓰임새 등의 단어로 널리 쓰이고 있다.

따라서 〈품새〉는 한자와 우리말이 합쳐 생긴 말로, '모양과 기운' '모양의 됨됨이' 등으로 해석할 수 있다. 이러한 명칭에서 나타나듯이 품새는 외적인 기술 동작 뿐 아니라, 그 동작의 됨됨이와 내적인 기운까지도 의미한다.

따라서 품새의 동작은 겉모양만 멋있다고 되는 것이 아니라, 내적인 기운과 외적인 맵시가 어울린 꼴이어야 비로소 제대로 된 것이다. 그리고 품세가 아니라, 반드시 품새로 사용해야 한다.

품새라는 말에는 다소 복잡한 언어상의 문제가 깔려 있다. 태권도에 있어서, 그전에는 〈품새〉란 말 대신 〈품세(品勢)〉란 한자가 사용되었다.

〈세(勢)〉는 기세/형세를 뜻하며, 중국 무술에서도 종종 사용되는 말이다. 그러다가 1987년 2월 26일 국기원 기술심의 위원회에서 개정되어 〈품세〉가 〈품새〉로 변경되었다.

5. 明寶(明宝) : 명보

① 빛나는 보물.

② 1957년에 개관되어 2008년 4월 30일에 폐관된 영화관의 이름.

明 : 밝을 명

날 일(日 : 해)部와 月(월 : 달)의 합해져서 '밝다'는 뜻이 됨.

寶 : 보배 보

㉠ 珤(보배 보)와 동자(同字).

㉡ 寳(보배 보)의 본자(本字).

㉢ 집안에(갓머리部) 구슬(玉〈구슬 옥〉→ 王),

　값비싼 도자기(缶 : 물동이 관, 두레박 관)와

　많은 재물(貝 : 조개 패)을 두었음.

㉣ 집안에 여러가지 보물을 간직해 두다 → 보배를 뜻함.

宝 : 보배 보(일본식 간체자)

◀ 명보극장의 옛 모습

6. 開場 : 개장

① 어떠한 장소(場所)를 열어 공개(公開)함.

② 어떠한 장소(場所)를 열어 놓고, 사람을 들여보냄.

開 : 열 개

㉠ 뜻을 나타내는 문 문(門 : 두짝의 문, 문중·일가)部와

음(音)을 나타내는 부수를 제외한 글자 开(평평할 견)의 변음이

합하여 이루어짐.

㉡ 음(音)을 나타내는 부수를 제외한 글자 开(평평할 견 → 개)는

'두 개의 물건(物件)을 평평하게 늘어놓은 것'인데,

一(일 : 빗장)과 양손 모양의 글자 형태가

본래의 모양이라고도 일컬어짐.

㉢ '두손으로 빗장을 들어올려, 양쪽 문짝을 여는 것'을 뜻함.

場 : 마당 장

㉠ 뜻을 나타내는 흙 토(土 : 흙)部와

음(音)을 나타내는 부수(部首)를 제외한 글자

昜(태양 양)이 합하여 이루어짐.

㉡ 음(音)을 나타내는 부수(部首)를 제외한 글자

昜(양 → 장은 변음)은 '해가 솟아오르다 → 오르다 → 밝다,

흙을 쌓아 높이고 위를 평평하게 하여 신을 모시는 곳

→ 祭壇(제단), 나중에 그러한 넓은 마당

→ '장소(場所)'의 뜻으로 씀.

明						
밝은 명						

寶						
보배 보						

宝						
보배 보						

明	寶					
명	보					

明	宝					
명	보					

開						
열 개						

場						
마당 장						

※ 반복연습을 원하시면 깨끗한 상태로 복사해서 사용하세요.

開	場					
개	장					
門						
문 문						
土						
흙 토						
幵						
평평할 견						
昜						
태양 양						
貝						
조개 패						
部						
거느릴 부						

※ 반복연습을 원하시면 깨끗한 상태로 복사해서 사용하세요.

중국(中國)의 콘텐츠산업 용어

콘텐츠 : 信息(신식) / 內容j(내용)

데모 테이프 : 樣帶(양대)

도매상 : 批發商(비발상)

라이브 : 眞唱(진창)

립싱크 : 對口形(대구형)

모델 디자인 : 造型設計(조형설계)

스토리 : 故事情節(고사정절)

스페셜 : 專輯(전집) / 特輯(특집)

콘서트 : 演唱會(연창회)

앨범 : 專集(전집)

출판만화 : 漫畫(만화)

케이블 TV : 有線電視(유선전시)

편집 : 剪輯(전집)

MOU : 備忘(비망)

감독 : 導演(도연)

다큐멘터리 : 記片(기편)

드라마 : 電視劇(전시극)

리허설 : 走台(주태)

매니저 : 經紀人(경기인)

소매상 : 零商(영상)

스튜디오 : 音棚(음붕)

시나리오 : 劇本(극본)

애니메이션 : 動畫片(동화편)

엔터테인먼트 : 娛樂(오락)

캐릭터 : 通造型(통조형)

팬클럽 : 歌迷俱樂部(가미구락부)

CP : 內容 供給者(내용 공급자)

PD : 制片人(제편인)

신문한자 영화광고

1. 興奮 : 흥분

① 어떤 자극으로 감정이 북받쳐 일어남. 또는 그 감정.

② 자극을 받아 일어나는 감각세포나 신경단위의 상태변화.

　　또는 그것으로 일어나는 정신적 상태변화.

興 : 일어날 흥

　　同(함께 동 → 흥은 변음)과

　　마주 들어올리다(臼〈절구 구〉 + 廾〈받들 공〉部)의 합자로

　　'여럿이 들어올리다, 일으키다, 일어나다'를 뜻함.

奮 : 떨칠 분

㉠ 畚(떨칠 분)의 본자(本字).

㉡ 田(밭 전)과

　　나머지 글자 隹(새 추 : 새가 홰를 침)의 합자(合字).

㉢ 새가 들판을 날개치면서 날다

　　→ 새나 양이 힘차게 움직이는 모양

　　→ 분발하다의 뜻.

2. 最大人波 : 최대인파

 가장 많이 모여 움직이는, 사람들의 모양이 물결같이 보이는 상태.

最 : 가장 최

㉠ 曰(왈 : 덮치다)과 取(취 : 취하다)의 합자(合字).

㉡ '덮쳐 취하다 → 모두 취하다 → 모두 → 모든 것' 중에서

   가장 뛰어난 것.

大 : 클 대/큰 대

㉠ 대법원 인명용으로는 대.

㉡ 서있는 사람을 정면으로 본 모양.

㉢ 처음에는 옆에서 본 모양인

   人(사람 인)·匕(비수 비) 따위와 같이,

   오로지 인간을 나타내는 글자였으나

   나중에 구분(區分)하여 '훌륭한 사람 → 훌륭하다 → 크다'의

   뜻을 나타냄.

人 : 사람 인

㉠ 사람이 허리를 굽히고 서있는 것을 옆에서 본 모양을 본뜬 글자.

㉡ 옛날에는 사람을 나타내는 글자를 여러가지 모양으로 썼으나,

   뜻의 구별은 없었음.

波 : 물결 파

㉠ 대법원 인명용으로는 파.

㉡ 뜻을 나타내는 삼수변(氵〈=水〉: 물)部와

　음(音)을 나타내는 皮(가죽 피 → 파는 변음)는 동물로부터 벗긴 껍질,

　여기서는 披(헤칠 피)·破(깨뜨릴 파)의 뜻을 받고 있음.

㉢ 波(파)는 '강이나 바다 등의 물이 올라갔다 내려갔다 하며

　움직이다'의 뜻.

　변이(轉)하여 '파도·파도가 일다·움직이다'의 뜻.

興						
일어날 흥						

奮						
떨칠 분						

興	奮					
흥	분					

最						
가장 최						

大						
클 대						

人						
사람 인						

波						
물결 파						

※ 반복연습을 원하시면 깨끗한 상태로 복사해서 사용하세요.

最	大	人	波			
최	대	인	파			

取						
가질 취						

同						
함께 동						

皮						
가죽 피						

田						
밭 전						

臼						
절구 구						

※ 반복연습을 원하시면 깨끗한 상태로 복사해서 사용하세요.

신문한자 영화광고

3. 巨作 : 거작

　　규모(規模)가 큰 예술(藝術)작품(作品).

巨 : 클 거

㉠ 鉅(클 거)와 동자(同字). 손잡이가 달린 커다란 큰 자의 모양.

㉡ 변이(轉)하여 '크다'의 뜻.

作 : 지을 작

㉠ 伫(지을 작)의 본자(本字).

㉡ 대법원 인명용으로는 작.

㉢ 뜻을 나타내는 사람 인변(亻=人 : 사람)部와

　　음(音)을 나타내는 乍(잠깐 사, 일어날 작)의

　　전음(轉音)이 합하여 이루어짐.

㉣ 음(音)을 나타내는 乍(잠깐 사, 일어날 작)은

　　作(작)의 옛 글자이며

　　발(足)의 모양이란 設(설)도 있고

　　물건(物件)을 자르는 모습이란 설도 있지만,

　　作(작)의 옛 모습을 보면 乍(사)에 손을 대고 있으므로

　　乍(사)는 무슨 도구로도 생각되고, 동작하는 것을 나타내기도 함.

㉤ 사람이 동작하다 → 일어서다 → 일이 일어나다 → 일으키다 → 만듦.

4. 空手道 : 공수도

공수도(空手道) 또는 가라데(일본어 : 空手〈からて〉)는

무기를 쓰지 않고, 신체 각 부위를 이용해

상대방과 겨루는 무술.

空 : 빌 공

㉠ 뜻을 나타내는 **구멍 혈(穴)**部와

　음(音)을 나타내는 工(솜씨 공)이 합하여 이루어짐.

㉡ 工(공 : 도구를 이용하여 무언가를 만드는 모양)과

　구덩이를 판 구멍(穴)은 비어 있다는 뜻이 합하여 '비다'를 뜻함.

手 : 손 수

㉠ 다섯 손가락을 편 모양을 본뜬 글자.

㉡ 마찬가지로 손의 모양에서 생긴 글자는

　又(우 : 또)·寸(촌 : 마디) 따위가 있음.

㉢ 手(수)는 投(투 : 던지다)·招(초 : 부르다) 등

　다른 글자의 부분이 되면 재방변(扌=手 : 손)部로 쓰는 일이 많음.

道 : 길 도

㉠ 뜻을 나타내는 **책받침(辶 : 쉬엄쉬엄 가다)**部와

　음(音)을 나타내는 동시에 뜻을 나타내는

　首(수 : 머리)가 합하여 이루어짐.

㉡ 首(수 → 도는 변음)는 사람 머리와 같이

　'사물의 끝에 있는 것 → 처음 → 근거'란 뜻을 나타냄.

ⓒ 道(도)는 한 줄로 통하는 큰 길.

사람을 목적지에 인도하는 것도 길이지만,

또 도덕적인 근거도 길임.

巨						
클 거						

作						
지을 작						

巨	作					
거	작					

空						
빌 공						

手						
손 수						

道						
길 도						

空	手	道				
공	수	도				

※ 반복연습을 원하시면 깨끗한 상태로 복사해서 사용하세요.

作						
지을 작						

穴						
구멍 혈						

鉅						
클 거						

首						
머리 수						

投						
던질 투						

招						
부를 초						

寸						
마디 촌						

※ 반복연습을 원하시면 깨끗한 상태로 복사해서 사용하세요.

이소룡 영화의 중국어 제명(題名)

　　부르스 리의 생애를 어느 중국인 평론가(評論家)는 주연작품의 중국어 제명(題名)을 연결하여 다음과 같이 표현하고 있다.

　"당산대형(唐山大兄)이 되고자 태어난 그는
　정무문(精武門)에서 무예를 닦고
　맹룡과강(猛龍過江)의 길을 걷다가
　용쟁호투(龍爭虎鬪)의 경지에 도달하고
　사망유희(死亡遊戱)로 승천했다."고.

당산대형(唐山大兄)은 외국에 있는 화교(華僑 : 해외에 거주하는 중국사람)의 위대한 사나이를 뜻한다.

정무문(精武門)은 그 영화의 스토리에도 나오는 상해(上海)에 있던 유명한 무도관 '정무관'으로 그 입문(入門)의 의미.

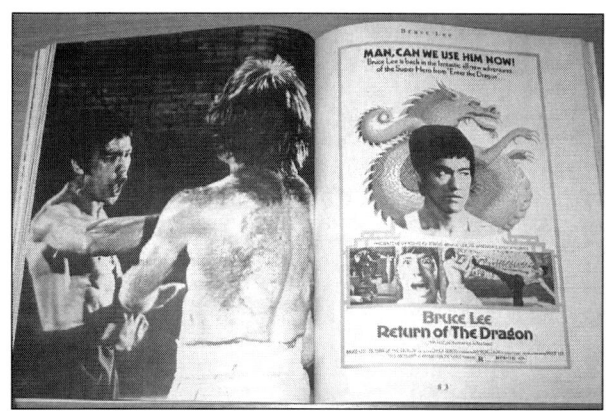

맹룡과강(猛龍過江)은 용맹한 용이 세상에 나선다는 의미.

용쟁호투(龍爭虎鬪)는 '용과 호랑이가 사력을 다하여 싸우는 그 당당한 모습'을 말하며, 그 영어제명 〈Enter the dragon〉은 중국의 옛 고사성어 '어약용문(魚躍龍門)'에서 따온 것으로, '잉어가 전력을 다하여 용문(龍門)이라는 폭포를 솟구쳐 오른 순간, 용이 되었다는 이야기'에 그 근원(根源)을 두고 있다.

사망유희(死亡遊戲)의 유희(遊戲)는 '놀이'라는 말이 아닌 영어의 Game 으로 '승부'를 뜻한다. 즉 「the game of death(목숨을 건 승부)」라는 의미.

다시 말해서, 1940년 11월 27일 미국의 샌프란시스코에서 태어난 이소룡은 중국인을 대표하는 큰(大) 인물이 될 소질을 간직한 채 태어나 무예에 전념, 마침내 전세계에 인정받는 몸이 되어 중국인의 상징인 용(龍)같은 슈퍼스타 가 되어, 죽음을 걸고 승부를 겨뤘다는 얘기가 되겠다.

처음의 두편을 제외하고는 **맹룡과강(猛龍過江)**에서부터는 이소룡 자신이 중국어 제명을 생각하여 영어 제명도 붙였다고 한다. 본인이 '**맹룡의 길**(The Way Of The Dragon)'을 걷고 있다는 것을 의식하고 있었는지도 모른다.

5. 破壞力 : 파괴력

파괴(깨뜨리어 헐어 버림)하는 힘.

破 : 깨뜨릴 파

㉠ 대법원 인명용으로는 파.

㉡ 石(돌 석)은 돌, 음(音)을 나타내는 皮(가죽 피 → 파는 변음)는

동물로부터 벗긴 껍질,

여기서는 披(피 : 헤치다)·波(파 : 물결) 등과 통하는

'헤어지다, 떨어지다'의 뜻을 나타냄.

㉢ 破(파)는 '돌이 부서지다, 사물이 깨지다, 찢어지다'의 뜻으로 쓰임.

壞 : 무너질 괴

㉠ 壞(무너질 괴)의 본자(本字).

㉡ 뜻을 나타내는 흙 토(土)部와 음(音)을 나타내는 동시에

'허물어진다'는 뜻을 나타내기 위한 부수를 제외한

글자 褱(품을 회)의 변음으로 이루어짐.

㉢ '흙이 갈라져 허물어지다 → 찢어지다, 깨어지다'의 뜻.

力 : 힘 력(역)

'팔에 힘을 주었을 때 근육이 불거진 모양,

농기구 가래의 모양, 나중에 일하다, 힘'의 뜻.

6. 歷史的 : 역사적

역사에 오래 남을 만하게 중요한 모양. 역사의 발전과정을 통함.

歷 : 지날 역(력) / 책력 역(력)

㉠ 음(音)을 나타내는 秝(곡식이 익을 력)이 나란히 심어져 있는 모양.

㉡ 止(그칠 지)는 발자국의 모양 → 걷다 → 進行(진행)함을 뜻함.

㉢ 秝(력)과 止(지)를 합친 글자체는

　'차례차례로 걸어가다 → 여러 곳을 두루 돌아다니다

　→ 지나감'의 뜻을 지님.

㉣ 나중에 秝(력)대신에 부수를 제외한 글자

　厤(책력 력)을 써서 歷(력)이라 씀.

㉤ '시간이 지나간다'는 뜻은 曆(책력 력)이란

　글자가 따로 있지만,

　歷(력)은 '장소(場所)를 지나간다'는 것은 물론,

　曆(력)의 뜻으로도 쓰여짐.

史 : 사기 사

㉠ 中(중)과 又(우 : 손)의 합자(合字).

㉡ 中(중)은 '신을 모실 때 쓴 나뭇가지,

　천문(天文)을 조사할 때 쓰는 계산용 막대'의 뜻.

㉢ 又(우)는 '손 → 손에 가지다 →

　천문(天文)이나 나랏일을 기록(記錄)하는 관리(官吏)

　→ 기록(記錄) → 역사(歷史)'의 뜻이 됨.

的 : 과녁 적

㉠ 뜻을 나타내는 흰 백(白: 희다, 밝다)部와

　　음(音)을 나타내는 勺(작 → 적)의 변음이 합하여 이루어짐.

㉡ 勺(작 : 표주박 → 명확하다)과

　　해처럼 둥글고 밝게(白) 보인다는 뜻이 합하여 '과녁'을 뜻함.

㉢ 的(적)은 작(白+勺)의 속자(俗字)이며,

　　'명확하다 → 的中(적중)·的確(적확)'의 뜻.

※ 冊曆(책력) :

ⓐ 천체(天體)를 측정하여, 해와 달의 돌아다님과 절기(節氣)를 적은 책.

ⓑ 책력(冊曆)은 1년의 시령과 그 날짜를 기록한 문서를 말하며,

　　흔히 '달력'이라고도 한다.

ⓒ 시령은 흔히 '절기'라고도 부르며,

　　세시와 요일, 일식, 행사일 등을 아울러 이른다.

ⓓ 책력은 한 달 또는 두 달을 한 장에 나타내는

　　달력이 주를 이루나, 한 장에 하루씩 나타내는

　　'일력(日曆)'도 있고, 한 장에 일주일을 엮은

　　'주력(週曆)'도 있다.

　　보통 그것들도 '달력'이라 부른다.

▲ 1871~1872년
힌두 달력의 한 페이지.

破						
깨뜨릴 파						
壞						
무너질 괴						
力						
힘 력						
破	壞	力				
파	괴	력				
歷						
지날 역(력)						
史						
사기 사						
的						
과녁 적						

※ 반복연습을 원하시면 깨끗한 상태로 복사해서 사용하세요.

歷	史	的				
역	사	적				

壞						
무너질 괴						

波						
물결 파						

勺						
표주박 작						

止						
그칠 지						

厤						
책력 력						

披						
헤칠 피						

※ 반복연습을 원하시면 깨끗한 상태로 복사해서 사용하세요.

신문한자 영화광고

7. 爆彈 : 폭탄
① 금속용기에 폭약을 채워서 손으로 던지거나

　　또는 공중에서 투하하여 적을 살상하거나

　　적의 구조물을 파괴할 것을 목적으로 만든 병기의 일종.

② 보통 항공기에서 낙하시키는 것을 말함.

爆 : 불 터질 폭

㉠ 대법원 인명용으로는 폭.

㉡ 뜻을 나타내는 불 화(火 : 불꽃)部와 음을 나타내는 동시에

　　'찢어지다, 터지다'의 뜻을 나타내기 위한

　　暴(사나울 폭)으로 이루어짐.

㉢ 불에 의해서 물건이 찢어지는 소리를 뜻함.

彈 : 탄알 탄

㉠ 弾(탄알 탄)의 본자(本字).

㉡ 뜻을 나타내는 활 궁(弓 : 활)部와

　　음(音)을 나타내는 동시(同時)에

　　둥근 알을 나타내기 위한 單(혼자 단)으로 이루어짐.

㉢ '알을 쏘는 활, 튀기는 활'의 뜻.

8. 强烈 : 강렬

  세차고 맹렬(猛烈)함.

强 : 강할 강

㉠ 强(강할 강)의 속자(俗字).

㉡ 뜻을 나타내는 벌레 충(虫 : 뱀이 웅크린 모양, 벌레)部와

  음(音)을 나타내는 彊(굳셀 강)의 생략형이 합하여 이루어짐.

㉢ 弘(홍 → 강은 변음)은

  '활시위 소리 → 크다 → 가운데가 넓다'의 뜻.

㉣ 强(강)은 본디 '바구미(쌀벌레)'의 뜻이었으나

  '힘이 세다'는 뜻의 勍(힘셀 경) 또는

  '활이 세다'의 뜻의 彊(굳셀 강)

  따위와 섞여, 후에 '강하다'의 뜻으로 쓰게 되었음.

烈 : 매울 렬(열) / 세찰 렬(열)

㉠ 뜻을 나타내는 연화발(灬〈=火〉: 불꽃)部와

  음(音)을 나타내는 列(렬 : 찢는다)로 이루어짐.

㉡ '불이 타서 튀긴다'는 뜻.

㉢ 변이(轉)하여 '맹렬하다'는 뜻이 되었음.

爆						
불터질 폭						

彈						
탄알 탄						

爆	彈					
폭	탄					

強						
강할 강						

烈						
매울 렬						

強	烈					
강	렬					

強						
강할 강						

※ 반복연습을 원하시면 깨끗한 상태로 복사해서 사용하세요.

暴						
사나울 폭						

弾						
탄알 탄						

勍						
힘셀 경						

列						
벌일 렬						

虫						
벌레 충						

弘						
넓을 홍						

彊						
굳셀 강						

※ 반복연습을 원하시면 깨끗한 상태로 복사해서 사용하세요.

이소룡의 절권도

이소룡은 무술도 자신을 표현하는 방법(예술)으로 규정하고 영화를 통해 중국 무술의 진수, 나아가서는 자신의 절권도와 무예가로서의 이상(理想)을 표현하고자 했다. 그는 서양에 잘못 알려진 동양인에 대한 인식을 불식시키는 노력을 통해 헐리우드를 점령한다.

그는 마지막 작품 사망유희(死亡遊戲)를 통해 자신의 무술철학을 표현하려고 치밀하게 계획했으나, 그 작품을 완성하지 못하고 갑작스러운 죽음을 맞이한다.

P.S)

우리가 흔히 무예라 부르는 맨손 격투기에, 즉 **수박(手搏)**이나 **각저(角抵 : 씨름)**에 속하는 것들은 '엄밀한 의미에서 무예'라 할 수 없다. 왜냐하면 무기를 들지 않았기 때문이다. 대개는 **수박희(手搏戲)** 또는 **각저희(角抵戲)**라 하여 궁중 연회에서 놀이로 행해졌었다.

후대로 가면서, 이것들을 통칭해서 **권술(拳術)** 혹은 **권법(拳法)**이라 부르기도 하였다. 이러한 것들은 모두 무예를 익히기 위한, 즉 병기 기술을 익히기 위한 기초적인 도수기술(徒手技術 : 맨손기술)에 속하는 것들로서, 무예인이라면 누구나가 반드시 익히고 있어야 했다.

신문한자 영화광고

9. 龍爭虎鬪 : 용쟁호투
① '용과 호랑이가 싸운다'는 뜻으로,

　힘이 강한 두 사람이 승부를 겨룬다는 말.
② 1973년, 홍콩과 미국에서 합작으로 만든 첩보액션 스릴러영화.

龍 : 용 롱(용)
㉠ 竜(용 롱)의 본자(本字).
㉡ 대법원 인명용으로는 룡(용).
㉢ 머리 부분에 辛(매울 신) 모양의 장식이 있는 뱀을 본떠

　용의 뜻을 나타냄.

爭 : 다툴 쟁
㉠ 争(다툴 쟁)의 본자(本字).
㉡ 손톱(爪)을 드러내고 손(又)으로 치며 싸운다는 뜻이

　합하여 '다투다'를 뜻함.

虎 : 범 호
　'범, 호랑이, 용맹스럽다'라는 뜻으로
　호랑이 모양을 본떠 만든 글자이다.

鬪 : 싸울 투 / 싸움 투

㉠ 鬪(싸울 투)의 속자(俗字).

㉡ 뜻을 나타내는 싸울 투(鬥 : 싸우다)部와

　음을 나타내는 부수를 제외한 글자로 이루어짐.

---

10. 特選 : 특선

① 특별히 골라 뽑음.

② 미술 전람회 등에서 특히 우수하다고 인정된 작품.

特 : 특별할 특 / 수컷 특

　옛날 관청(寺 : 관청 시)에서 중대한 일을 결정할 때는

　보통 것보다 크고 힘센 소(牛 : 소 우)를 신의 제단에 바쳤는데

　그런 '특별한 소'라는 데서 '특별하다'를 뜻함.

選 : 가릴 선

㉠ 뜻을 나타내는 책받침(辶 : 쉬엄쉬엄 가다)部와

　음(音)을 나타내는 巽(부드러울 손)의 변이된 음(轉音)이

　합하여 이루어짐.

㉡ 巽(손 → 선)은 臺(대) 위에 활을 나란히 놓은 모양 → 가지런히 함,

　제사를 지내러 갈(책받침〈辶 : 쉬엄쉬엄 가다〉部)

　사람을 고른다는 뜻이 합하여 '뽑다'를 뜻함.

龍						
용 롱						

爭						
다툴 쟁						

虎						
범 호						

鬪						
싸울 투						

龍	爭	虎	鬪			
용	쟁	호	투			

特						
특별할 특						

選						
가릴 선						

※ 반복연습을 원하시면 깨끗한 상태로 복사해서 사용하세요.

特	選					
특	선					
爭						
다툴 쟁						
鬪						
싸울 투						
牛						
소 우						
寺						
절 사						
寺						
관청 시						
臺						
무대 대						

※ 반복연습을 원하시면 깨끗한 상태로 복사해서 사용하세요.

태견(택껸, 탁견), 무예인가 놀이인가

일제시대 '제국신문' 주재(主宰)를 지냈던 최영년(崔永年)이 지은 《해동죽지(海東竹枝)》(1925년 4월 25일) 놀이(遊戲)편에 소개된 '탁견희(托肩戲)'는 정확히 말해 무예가 아니다.

이 책은 줄다리기(引索戲 : 인색희), 씨름(角抵戲 : 각저희), 손바닥 때리기(手癖打 : 수벽타), 돈치기(打錢戲 : 타전희), 제기차기(蹴雉毬 : 축치구), 강강수월래(强强曲 : 강강곡), 연싸움(鬪風箏 : 투풍쟁), 공기놀이(五卵戲 : 오란희), 팽이치기(氷毬子 : 빙구자), 줄넘기(跳索戲 : 도색희), 그네뛰기(送唾轞 : 송타천), 널뛰기(跳板戲 : 도판희) 등 온갖 세시풍속과 민속놀이를 모아 설명하고, 거기에다 저자가 지은 한시(漢詩) 한 수씩을 덧붙인 책이다.

무예서(武藝書)가 아니라는 말이다. 당연히 여기에는 단 하나의 무예도 실리지 않았다.

〈수벽타〉에 붙인 한시(漢詩)에서 척계광(戚繼光) 장군이 운운(云云)하였듯이, 그가 〈십팔기〉와 《무예도보통지》를 몰랐다거나, 무예와 놀이를 구분할 줄도 모를 만큼 무지(無知)한 사람이 아니었다. 〈탁견〉은 단지 마주 보고 서서, 발로 상대를 넘어뜨리는 유희의 일종이라고 기록하고 있다.

탁견희(托肩戲)

　옛 풍속에 각술(脚術)이라는 것이 있는데, 서로 마주 보고 서서 차서 거꾸러 뜨린다. 세가지 법이 있는데 최하(最下)는 다리를 차고, 잘하는 자는 어깨를 차고, 비각술(飛脚術)이 있는 자는 상투를 떨어뜨린다.

　이것으로 혹은 원수도 갚고, 혹은 사랑하는 여자를 내기하여 빼앗는다. 법관(法官)으로부터 금하기 때문에, 지금은 이런 장난이 없다. 이것을 '탁견'이라 한다.

백가지 기술 신통한 비각술
가볍게 상투와 비녀를 스쳐 지난다
꽃 때문에 싸우는 것도 풍류의 성격
한번 초선(貂蟬)을 빼앗으면 의기양양하다

百技神通飛脚術   輕輕掠過琦簪高
投花自是風流性   一奪貂蟬意氣豪
(백기신통비각술   경경략과기잠고
 투화자시풍류성   일탈초선의기호)

신문한자 영화광고

1. 流浪 : 유랑

　일정한 목적없이 떠돌아다님. 정처없이 떠돌아다님.

流 : 흐를 유(류)

㉠ 뜻을 나타내는 삼수변(氵〈=水〉: 물)部와

　음(音)을 나타내는 부수를 제외한 글자

　㐬(깃발 류 : 아기가 태어나는 모양)가 합하여 이루어짐.

㉡ '아기가 양수와 함께 순조롭게 흘러나옴'을 뜻함.

浪 : 물결 랑(낭)

㉠ 뜻을 나타내는 삼수변(氵〈=水〉: 물)部와

　음(音)을 나타내는 良(어질 량·랑 :

　봉긋이 솟구침을 나타냄)으로 이루어짐.

㉡ '물이 구불거리어 산같이 된 것'의 뜻.

2. 大開封 : 대개봉

① (크게) 봉한 것을 떼어 여는 것.

② (크게) 새 영화(映畵)를 처음으로 상영(上映)하는 것.

大 : 클 대/큰 대

㉠ 대법원 인명용으로는 대.

㉡ 서있는 사람을 정면으로 본 모양.

㉢ 처음에는 옆에서 본 모양인 人(사람 인)·匕(비수 비) 따위와 같이,

　　다만 인간을 나타내는 글자였으나 나중에 구분하여

　　'훌륭한 사람 → 훌륭하다 → 크다'의 뜻으로 쓰임.

開 : 열 개, 평평할 견

㉠ '형성문자로 보는 견해도 있음.

㉡ 문 문(門 : 두 짝의 문, 문중·일가)部와

　　开(평평할 견)이 합하여 이루어짐.

㉢ 开(견)은 두 개의 물건(物件)이 평평하게

　　줄짓는 일을 말함.

㉣ 따라서 '두 손으로 빗장을 들어올려,

　　양쪽 문짝을 여는 것'의 뜻으로 쓰임.

封 : 봉할 봉

㉠ 土(흙 토), 寸(마디 촌)과 음(音)을 나타내는 동시에

　　무성한 나무의 뜻인 (봉)이 합하여짐.

㉡ 흙을 수북히 모아, 나무를 심은 모양을 나타냄.

㉢ 고대(古代)에는 흙을 수북히 모아 나무를 심어서

　　국경으로 삼았기 때문에

　　'흙을 수북히 모으다, 지경(地境)삼다, 막다'의 뜻을 나타내며,

　　변이(轉)하여 '영토'의 뜻으로 되었음.

流					
흐를 유					

浪					
물결 랑					

流	浪				
유	랑				

大					
클 대					

開					
열 개					

封					
봉할 봉					

大	開	封			
대	개	봉			

※ 반복연습을 원하시면 깨끗한 상태로 복사해서 사용하세요.

开						
평평할 견						
㐬						
깃발 류						
良						
어질 량						
平						
평평할 평						
門						
문 문						
地						
땅 지						
境						
경계 경						

※ 반복연습을 원하시면 깨끗한 상태로 복사해서 사용하세요.

한강(漢江)을 한강(韓江)으로 부르자

중국 사람들은 서울의 새로운 중국어 표기인 '수이(首爾)'를 외면하고 있다. 중국인들이 '한성(漢城)'을 고집하는 건 '중화사상'에서 비롯한 것으로 보인다. '한성(漢城)'은 중국의 한(漢)민족과 한(漢)왕  조와 같은 글자를 쓰므로, '중국 문화권 도시'라는 인상을 준다.

이런 가운데 서울을 가로지르는 한강의 한자 표기를 漢江에서 韓江으로 바꾸자는 주장이 나왔다. 한자 표기가 없는 서울처럼, 순 우리말 '한가람'으로 바꾸자는 의견도 있다.

한강은 '한가람'이라는 고어에서 유래했다는 게 정설이다. 여기서 '한'은 '바르다', '크다', '넓다', '가득하다'는 뜻이고, '가람'은 '강'을 의미한다. 삼국시대 중국과의 교류가 늘면서 '한'은 중국인들에 의해 漢으로 음차(音借) 표기되어 본뜻이 사라지고, 한강수(漢江水)/한강(漢江)/한수(漢水)로 칭해졌다. 북한산(北漢山)도 한수 북쪽에 있는 산이라 하여 붙여진 이름이다.

한글은 외국에서도 한글 고유발음으로 적고 있다. 이처럼 한강도 우리 고유발음(한가람)대로 적는 때가 오지 않을까?

신문한자 영화광고

3. 荒野 : 황야
　　거친 들판

荒 : 거칠 황
㉠ 대법원 인명용으로는 황.
㉡ 뜻을 나타내는 초두머리(++〈=艸〉 : 풀, 풀의 싹)部와
　　음을 나타내는 동시에 '풀이 무성하게 자란다'는 뜻을 나타내는
　　부수를 제외한 글자 㡛(망할 황)으로 이루어져
　　'풀이 땅을 덮고, 매우 황폐해지다'의 뜻.

野 : 들판 야
㉠ 대법원 인명용으로는 야.
㉡ 뜻을 나타내는 마을 리(里 : 마을)部와
　　음을 나타내는 予(줄 여 → 야)가 합하여 이루어짐.
㉢ 予(여 → 야)는 물건과 물건을 강제로 떼어놓는 일이나
　　침착하여 초조하지 않음을 나타냄.
㉣ 里(마을 리)는 사람이 사는 곳,
　　野(들판 야)는 마을에서 떨어진 곳, 넓고 넓은 곳을 나타냄.
㉤ 도시의 언저리를 郊(야외 교)라고 하고,
　　郊(교)의 언저리를 野(들판 야)라고 함.

ⓗ 옛 글자체는 숲(林 : 림)과 흙(土 : 토)을

합한 것(埜 : 들판 야)이며, '나무가 난 곳'을 나타냄.

---

4. 國都 : 국도
① 나라의 도읍(서울)
② 을지로에 1913년부터 1999년까지 있었던 영화관.

▲ 국도극장의 옛 모습

國 : 나라 국

백성들(작은 口 : 입 구)과 땅(一 : 한 일)을 지키기 위해

국경(큰 口 : 에워쌀 위)을 에워싸고,

적이 침입하지 못하게 했다는 데서 '나라'를 뜻함.

国 : 나라 국

國(국)의 간체자(簡體字). 國(국)의 속자(俗字).

都 : 도읍 도

㉠ 대법원 인명용으로는 도.

㉡ 뜻을 나타내는 우부방(阝〈언덕 부〉 : 마을)部와

　음을 나타내는 者(사람 자 → 도)가 합하여 '도읍'을 뜻함.

㉢ 者는 많은 일을 하나로 정리하는 일,

　邑(읍)은 사람이 사는 마을,

　즉 사람이 많이 모여 사는 시내 → 首都(수도)

荒						
거칠 황						

野						
들판 야						

荒	野					
황	야					

國						
나라 국						

都						
도읍 도						

國	都					
국	도					

巟						
망할 황						

※ 반복연습을 원하시면 깨끗한 상태로 복사해서 사용하세요.

予						
줄 여						

邑						
고을 읍						

国						
나라 국						

里						
마을 리						

郊						
야외 교						

首						
머리 수						

埜						
들판 야						

※ 반복연습을 원하시면 깨끗한 상태로 복사해서 사용하세요.

신문한자 영화광고

5. 無法者 : 무법자

　법을 무시(無視)하고, 거칠고 험한 짓을 하는 사람.

無 : 없을 무

㉠ 커다란 수풀(부수를 제외한 글자)에 불(火)이 나서

　다 타 없어진 모양을 본뜬 글자로 '없다'를 뜻함.

㉡ 유무(有無)의 無(무)는 '없다'를 나타내는 옛 글자.

㉢ 먼 옛날엔 有(유)와 無(무)를 又(또 우)와 亡(망할 망)과 같이 썼음.

㉣ 음이 같은 舞(무)와 결합하여 복잡한 글자 모양으로 쓰였다가,

　쓰기 쉽게 한 것이 지금의 無(무)가 됨.

法 : 법 법

㉠ 물(水)은 높은 데서 낮은 곳으로 흘러가는(去)

　규칙이 있다는 뜻이 합하여 '법', '규정(規定)'을 뜻함.

㉡ 水(물 수: 공평한 수준)와

　사람의 正邪(정사)를 분간한다는 신수와

　去(갈 거 : 악을 제거함)의 합자체.

　즉 공평(公平)하고 바르게 죄를 조사해

　옳지 못한 자를 제거한다는 뜻을 나타냄.

者 : 사람 자 / 놈 자

㉠ 耂(늙을 로)와 白(흰 백/아뢸 백)의 합자(合字).

㉡ 나이 드신 어른(老)이 아랫사람에게 낮추어 말한다(白)는

뜻이 합하여, '말하는 대상'을 가리켜 '사람', '놈'을 뜻함.

㉢ 또는 불 위에 장작을 잔뜩 쌓고, 태우는 모양을 본뜬 글자.

---

6. 早朝 : 조조

이른 아침, 새벽

早 : 이를 조

㉠ 태양(日)이 동쪽(十〈열 십〉: 해가 뜨는 동쪽의 의미인

甲〈갑〉의 생략형)에서 뜨는 아침을 뜻함.

㉡ 甲(갑옷 갑/껍질 갑)은 도토리 같은 나무 열매의 모양.

검은 물감을 이 나무 열매에서 따므로

검다 → 어둡다는 뜻으로 쓰며,

어둡다 → 아침이 이르다 → 물건(物件)의 기원으로 되었음.

㉢ 草(풀 초)의 옛 모양은 풀숲 속에 甲(갑)라 쓴 것이 있으며,

풀숲 저쪽에서 해가 솟아 오르는 아침을 나타냄.

나중에 간략하게 甲으로 하였음.

이에 대하여 풀숲 속에 날 일(日)部이라고 쓴 글자

莫(없을 막 → 暮〈저물 모〉)는 해가 짐을 나타냄.

朝 : 아침 조

㉠ 대법원 인명용으로는 조.

㉡ 달 월(月 : 초승달)部와 부수를 제외한 글자 (조)의 합자.

㉢ 달(月)이 지며, 날이 밝아 온다는 뜻이 합하여 '아침'을 뜻함.

無						
없을 무						

法						
법 법						

者						
사람 자						

無	法	者				
무	법	자				

早						
이를 조						

朝						
아침 조						

早	朝					
조	조					

※ 반복연습을 원하시면 깨끗한 상태로 복사해서 사용하세요.

去						
갈 거						

白						
흰 백						

甲						
갑옷 갑						

草						
풀 초						

莫						
없을 막						

暮						
저물 모						

舞						
춤출 무						

※ 반복연습을 원하시면 깨끗한 상태로 복사해서 사용하세요.

신문한자 영화광고

1. 團成社 : 단성사

① 한국 최초의 본격적인 상설(常設) 영화관.

② 1907년에 주승희가 발의하고,

안창묵과 이장선이 합자하여 2층 목조건물로 세웠으며,

1926년 나운규(羅雲奎)의 민족영화《아리랑》을 개봉하여

서울 장안을 들끓게 하였다.

▲ 단성사 극장의 옛 모습

團 : 둥글 단

㉠ 뜻을 나타내는 큰입구 몸(囗 : 에워쌀 위)部와

음(音)을 나타내는 專(오로지 전)이 합하여 이루어짐.

㉡ 專(전 → 단)은 織物(직물)에 쓰는 오지로 된 실패,

그 모양은 둥글게 뭉친 것이다.

專(전)에는 '오로지'란 뜻도 있음.

ⓒ 口(에워쌀 위)는 '에워싸다'는 뜻이며 본디는 ○모양으로 쓴 것.

ⓔ 團(둥글 단)은 둥글게 뭉치다 → 둥근 모양이란 뜻이다.

団 : 團(단)의 약자(略字), 일본식 간체자.

成 : 이룰 성

ㄱ 뜻을 나타내는 창 과(戈 : 창, 무기)部와

　음(音)을 나타내는 丁(장정 정 → 성)의 합자.

ㄴ 음(音)을 나타내는 丁(정 → 성)은 나중에 변한 모양이며,

　十(십 : 모이다)·午(오 : 다지다)·甲(갑 : 덮다)이라 썼음.

ㄷ 戊(무)는 무기(武器), 도구(道具)의 뜻을 나타냄.

　따라서 도구(道具)를 써서

　사물을 만들다 → 완성되다 → 이루어지다의 뜻으로 됨

社 : 모일 사

　토지(土)의 신에게 제사(示)를 지내기 위해

　많은 사람들이 모여서 제사를 지낸다는 뜻.

2. 憂愁 : 우수

① 근심

② 우울(憂鬱)과 수심(愁心 : 걱정)

憂 : 근심 우

㉠ 본자(本字)는 頁(머리 혈)과 心(마음 심)의 합자.

㉡ 머리가 위에서 무겁게 마음을 짓누른다는 뜻에서 '근심하다'를 뜻함.

㉢ 또는 뜻을 나타내는 뒤져올 치(夂 : 머뭇거림, 뒤져 옴)部와

   음(音)을 나타내는 憂(우)로 이루어짐.

愁 : 근심 수

㉠ 대법원 인명용으로는 수.

㉡ 뜻을 나타내는 마음 심(心 : 마음, 심장)部와

   음(音)을 나타내는 秋(가을 추 : 주름의 뜻 → 수)로 이루어짐.

㉢ '눈살을 찌푸리고, 걱정하다'의 뜻으로 쓰임.

▲ 왼쪽은 오리지널 장고(극장 개봉명 : 속 황야의 무법자),
오른쪽은 짝퉁 장고(극장 개봉명 : 장고)

團						
둥글 단						
成						
이룰 성						
社						
모일 사						
團	成	社				
단	성	사				
憂						
근심 우						
愁						
근심 수						
憂	愁					
우	수					

※ 반복연습을 원하시면 깨끗한 상태로 복사해서 사용하세요.

專						
오로지 전						

囗						
에워쌀 위						

団						
둥글 단						

戈						
창 과						

丁						
장정 정						

頁						
머리 혈						

秋						
가을 추						

※ 반복연습을 원하시면 깨끗한 상태로 복사해서 사용하세요.

3. 忽然 : 홀연
① 문득
② 느닷없이
③ 뜻하지 않은 사이에 갑자기

忽 : 갑자기 홀
㉠ 뜻을 나타내는 마음 심(心 : 마음, 심장)部와
　음(音)을 나타내는 勿(아닐 물 → 홀)로 이루어진 글자.
㉡ 음을 빌어 갑자기, 돌연(突然)의 뜻.

然 : 그럴 연 / 불탈 연
　개(犬)고기(月=肉)를 불(火)에 구워 먹어야 하는 것은
　당연하다는 뜻.

4. 登場 : 등장
① 소설·영화 또는 무대(舞臺) 등에서 나옴.
② 무슨 일에 어떠한 사람이 나타남
③ 새로운 제품 등이 세상에 처음으로 나옴.

登 : 오를 등

'발을 들어올리고(필발머리〈癶 : 걷다, 가다〉部),

제사에 쓸 콩(豆 : 콩 두)을 높은 곳에 올려 놓는다'는 뜻이

합하여 '오르다'를 뜻함.

場 : 마당 장

㉠ 뜻을 나타내는 흙 토(土 : 흙)部와

음(音)을 나타내는 부수를 제외한 글자

昜(햇볕 양 → 장)이 합하여 이루어짐.

㉡ 昜(햇볕 양 → 장)은 해가 솟아오르다 → 오르다 → 밝다,

흙을 쌓아 높이고 위를 평평하게 하여 신을 모시는 곳

→ 제단(祭壇), 나중에 그러한 넓은 마당

→ 장소(場所)의 뜻으로 씀.

▲ 왼쪽은 오리지널 쟝고, 오른쪽은 짝퉁 쟝고

忽						
갑자기 홀						

然						
그럴 연						

忽	然					
홀	연					

登						
오를 등						

場						
마당 장						

登	場					
등	장					

勿						
아닐 물						

※ 반복연습을 원하시면 깨끗한 상태로 복사해서 사용하세요.

犬						
개 견						

昜						
햇볕 양						

豆						
콩 두						

突						
부딪힐 돌						

臺						
무대 대						

祭						
제사 제						

壇						
마루 단						

※ 반복연습을 원하시면 깨끗한 상태로 복사해서 사용하세요.

'황야의 무법자'와 '속 황야의 무법자(원제 : 쟝고)'

1. 황야의 무법자 - 원제 : Per un pugno di dollari, 1964년

영어 제목은 A Fistful of Dollars, 즉 '한 줌의 달러'이다. 익숙한 영어제목 대신 이 탈리아어 제목을 먼저 쓴 것은 이 영화의 국적이 '미국'이 아니라 '이탈리아'이기 때문이다. 실제로 레오네 본인이 이 시절까지는 영어를 거의 할 줄 몰랐다고 한다. 촬영장소 또한 스페인의 사막지대였을 뿐, 미국과는 아예 거리가 멀었다.

이 영화는 구로사와 아키라(黑澤明)의 '요짐보'를 번안한, 수없이 많은 영화들 중 하나라는 점에서 특이하다.

두 영화의 대략적인 줄거리는 다음과 같다. 라이벌 관계에 있는 두 갱단이 지배하고 있는 마을에 한 총잡이(혹은 칼잡이)가 나타난다. 두 조직은 앞다 퉈 이 총잡이를 끌어들이려 하지만, 이들의 경쟁을 이용해 총잡이는 두 조직을 궤멸시키고 미모(美貌)의 여성(영화의 양념?)을 구해낸다.

▲ 시중에 출시된 '황야의 무법자' 비디오는 속편이다(for a few dollars more). 속지 마시길….

2. 쟝고(장고) 1탄 - 원제 : Django, 1966년

정통 연극배우 출신인 **프랑코 네로**의 주연 영화로 '마카로니 웨스턴의 최고봉'이라 할 수 있다.

극장 개봉명은 '속 황야의 무법자'이고, 개봉명은 〈속 황야의 무법자〉, TV/비디오 총칭(總稱)은 〈쟝고(장고)〉, 일본 개봉명은 〈속 황야의 요짐보(용심봉)〉이다. 한국 수입영화의 일본 수입영화 제명(題名) 표절능력은 유럽인들이 놀랄만큼 '경이(驚異)적인 수준'이라는 것을 느낄 수 있다.

쟝고 2탄은 불행히도 서부영화(마카로니 웨스턴)가 아닌 짝퉁 람보영화(기관총만은 1탄과 똑같음)이다.

▲ 일본판 제명(題名) : 속 황야의 용심봉　　　　▲ 한국판 제명(題名) : 속 황야의 무법자

※ 당시 서부영화 음반표지 목차 -

'쟝고'가 '속 황야의 무법자'임을 알 수 있는 흔적(痕迹)들

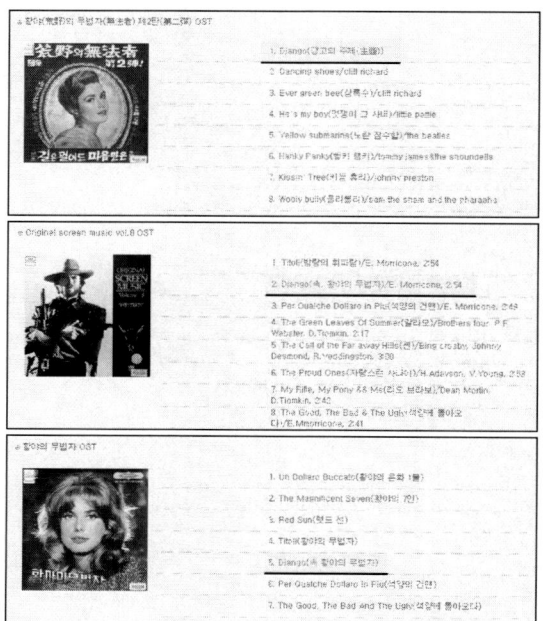

5. 伊太利 : 이태리

　　이탈리아(Italia)의 한자음 음차(音借)

伊 : 저 이

　　뜻을 나타내는 사람 인변(イ〈=人〉: 사람)部와

　　음을 나타내는 尹(성씨 윤)으로 이루어짐.

太 : 클 태

㉠ 大(클 대), 泰(클 태)와 통자(通字 : 통하는 글자).

㉡ 크다는 의미(意味)의 大에 점(·)을 찍어 더 크다는 것을

　　나타낸 글자로 '크다'를 뜻함.

利 : 이로울 리(이)

㉠ 여기에서는 쟁기와 흙을 나타내는 모양이며,

　　논을 갈아엎는 형상을 나타낸다.

㉡ 禾(벼 화)는 벼 → 곡식(穀食),

　　刂(선칼도방)은 곡식(穀食)을 만드는 밭을 가는 쟁기

　　→ 쟁기날이 날카롭다, 나중에 날카롭다는 것과의

　　관계로부터 刂(선칼도방)을 刀(칼 도)로 쓰게 되고,

　　또 刀(도)는 돈과 관계가 있으므로

　　이익(利益)의 뜻으로도 쓰여지게 된듯함.

6. 痛快 : 통쾌

① 아주 유쾌함.

② 불평이나 불만스럽게 여기던 일이 뜻대로 잘 풀릴 때에
   마음이 매우 상쾌함.

痛 : 아플 통

㉠ 뜻을 나타내는 병질 엄(疒 : 병, 병상에 드러누운 모양)部와
   음을 나타내는 동시에 '찌르다'의 뜻을 나타내기 위한
   甬(길 용 → 통)으로 이루어짐.

㉡ 바늘로 찌르듯 아픈 병, 신경통(神經痛),
   나중에 '넓은 의미의 아픔'의 뜻으로 쓰임.

快 : 상쾌할 쾌

㉠ 음(音)을 나타내는 夬(깍지 결·터놓을 쾌)와
   '마음에 걸림이 없고, 밝고 상쾌한 느낌'이라는 뜻이
   합하여 '즐겁다'를 뜻함.

㉡ '제방의 일부분이 깎여 떨어져 나가, 물이 흘러나감'을
   決(결단할 결)이라고 함과 같이,
   '마음에 걸림이 없이, 밝고 상쾌한 모양'이 快(상쾌할 쾌)임.

㉢ 快(상쾌할 쾌)와 決(결단할 결)은 옛날 음이 비슷하고,
   의미도 관계가 있음.

伊						
저 이						

太						
클 태						

利						
이로울 리						

伊	太	利				
이	태	리				

痛						
아플 통						

快						
상쾌할 쾌						

痛	快					
통	쾌					

※ 반복연습을 원하시면 깨끗한 상태로 복사해서 사용하세요.

尹						
성씨 윤						

禾						
벼 화						

決						
결단할 결						

穀						
곡식 곡						

通						
통할 통						

泰						
클 태						

益						
더할 익						

※ 반복연습을 원하시면 깨끗한 상태로 복사해서 사용하세요.

국명(國名)의 음차(音借)

대부분 국명은 한자음에 음차(音借)한 것이다. 한자 문화권인 중국, 일본, 한국 등 삼국은 이런 음차된 국명(國名)을 대부분 사용한다. 그 유래는 중국식 발음에서 유래된 것인데, 그럼 미국을 왜 美國이라고 하는가?

미국(美國)이라는 명칭은 청나라 때 중국인들이 아메리카(America)를 중국어 발음에 가깝게 적은 음차표기인 미리견(美利堅)을 한국식 한자음으로 읽은 미리견이 줄어들어 생긴 말이다.

여기서 美라는 한자는 의미와는 관계없이 아메리카의 '메'음을 적는 소리글자의 용법(가차 : 假借)으로 쓰인 것으로, 미국을 일컬어 '아름다운 나라'라는 의미로 지었다고 하는 것은 한자의 뜻에 이끌린 잘못된 해석이다.

일본에서는 亞米利加(아미리가)로 표기하였으며, 이를 줄여서 미국(米國)이라고 하나, 역시 한자의 뜻과는 관련이 없다. 중국식과 일본식 표기 이외에 '며리계(弥里界)'라는 독자적인 음차표기도 존재한다.

한자 문화권에서 사용되는 '英國'이라는 명칭은 중의(中意)적으로 사용되고 있다. 일반적으로는 현 연합왕국(UK) 전체를 가리키지만, UK의 구성 국가(Construct Country) 중 하나인 '잉글랜드'만을 가리키기도 한다. 예컨대 '영국과 스코틀랜드'라고 하면, 여기서의 '영국'은 잉글랜드를 의미한다.

이것은 '英國'의 '英'이 England(잉글랜드)의 'Eng'을 중국어로 음역한 것이기 때문이다. 이것은 영어권 국가에서 영국(UK)을 구어로 England로만 지칭하는 경향의 영향을 받았기 때문이다

네덜란드는 구어로 '홀랜드'라고 하였다. 이 홀랜드(Holland)를 화란(和蘭)으로 음차한 것이다. 도이치는 덕국(德國), 포르투칼은 포국(葡國), 스페인은 서반아(西班牙)로 음차된 것이다.

오스트레일리아는 한문으로 음역한 것이 호주(濠州)인데, 그 유래는 이 땅의 광대한 것에 비유하여, 한자로 '클 호(濠)'를 '대양 주(州)'의 州를 합성하여 사용한 것이다.

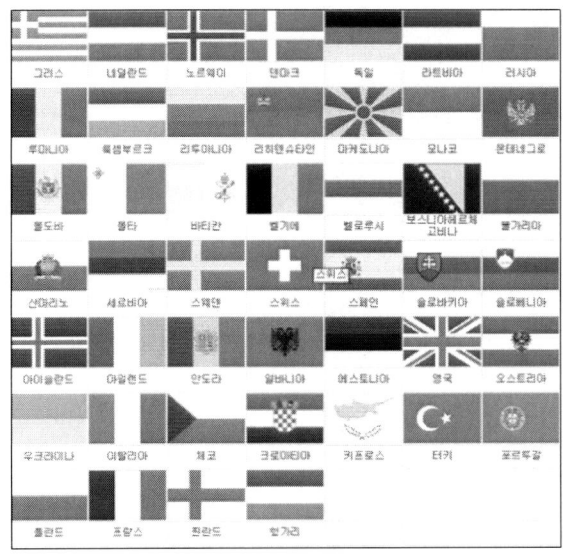

P.S)

독일(獨逸)은 일본 사람들이 만든 것이다. 도이칠란트를 발음하기 어려우니까, '도이쯔'라고 발음되는 獨逸을 만든 것이다. 한자식으로는 德國(덕국)이다.

▲ 장고(오리지널 1탄)의 라스트씬을 '오마쥬(hommage)'한듯한 영화배우 장미희의 모습.
십자가 무덤이지만, 동양적인 향취가 물씬 풍긴다.

7. 殘酷 : 잔혹

　　잔인(殘忍)하고 혹독(酷毒)함.

殘 : 잔인할 잔 / 남을 잔

㉠ 뜻을 나타내는 죽을 사변(歹〈몹쓸 대〉: 뼈, 죽음)部와

　　음을 나타내는 부수를 제외한 글자 戔(나머지 잔)이

　　합하여 이루어짐.

㉡ 창 과(戈 : 창, 무기)部는 날붙이,

　　부수를 제외한 글자 戔(잔)은 날붙이로 물건을 해치는 일,

　　죽을 사변(歹〈몹쓸 대〉: 뼈, 죽음)部는 맞아서 상한 뼈.

㉢ 殘(잔)은 심하게 해치는 일,

　　또 대부분이 해치워진 그 나머지 부분(部分) → 남다의 뜻도 나타냄.

酷 : 심할 혹

㉠ 뜻을 나타내는 닭 유(酉 : 술, 닭)部와

　　음(音)을 나타내는 告(아뢸 고)의 변한 음(轉音)이 합하여 이루어짐.

㉡ 닭(酉)과 소(牛)를 제물(祭物)로 바쳐 놓고,

　　신에게 소원을 말한다는(口 : 입 구)는 뜻으로

　　짐승들에게는 심하게 느껴질 수 있음을 말함.

8. 冬日 : 동일

겨울날

冬 : 겨울 동 / 북소리 동

㉠ 鼕(겨울 동)의 간체자(簡體字).

㉡ 뜻을 나타내는 이수변(冫〈얼음 빙〉: 고드름, 얼음)部와

　음(音)을 나타내는 부수(部首)를 제외한 글자

　　夊(뒤에서 올 종 → 동은 변음 : 모으다)의 합자.

㉢ 추위가 모이는 계절(季節) → 겨울을 나타내는 것.

日 : 날 일

㉠ 해(태양)를 본뜬 글자.

㉡ 단단한 재료에 칼로 새겼기 때문에 네모꼴로 보이지만,

　본래는 둥글게 쓰려던 것임.

殘						
잔인할 잔						

酷						
심할 혹						

殘	酷					
잔	혹					

冬						
겨울 동						

日						
날 일						

冬	日					
동	일					

歹						
몹쓸 대						

※ 반복연습을 원하시면 깨끗한 상태로 복사해서 사용하세요.

酉						
닭 유						

告						
아뢸 고						

鼕						
겨울 동						

夂						
뒤져올 종						

季						
계절 계						

節						
마디 절						

轉						
바뀔 전						

※ 반복연습을 원하시면 깨끗한 상태로 복사해서 사용하세요.

국가별 한자 음차어 정리(한글 자모순 배열)

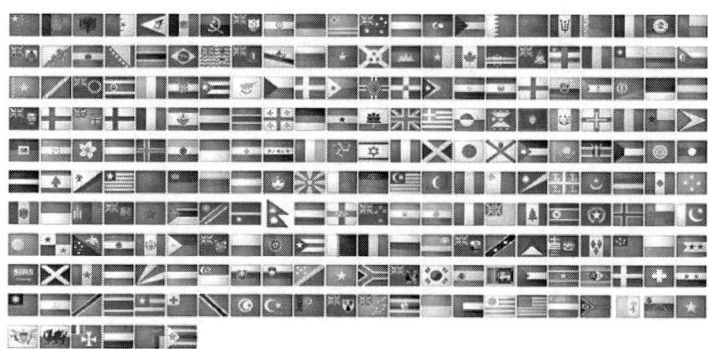

가나다(加那陀) - 캐나다(陀의 원음은 '타'임)

구라파(歐羅巴) - 유럽

나위(那威), 낙위(諾威) - 노르웨이

노서아(露西亞) - 러시아

라마(羅馬) - 로마

말련(末聯) - 말레이시아

면전(緬甸) - 미얀마

묵서가(墨西哥) - 멕시코

백이의(白耳義) - 벨기에

분란(芬蘭) - 핀란드

불란서(佛蘭西) - 프랑스

비율빈(比律賓) - 필리핀

상항(桑港) - 싱가폴

서반아(西班牙) - 스페인(에스파냐)

서백리아(西伯利亞) - 시베리아

서서(瑞西) - 스위스

서전(瑞典) - 스웨덴

아랄비아(亞剌比亞) - 아라비아

아랍비아(亞拉毘亞) - 아라비아

아부한사탄(亞富汗斯坦) - 아프카니스탄

아불리가(阿弗利加) - 아프리카

아세아(亞細亞) - 아시아

아이연정(亞爾然丁) - 아르헨티나

애급(埃及) - 이집트(성경에서는 '애굽')

오지리(墺地利) - 오스트리아

이태리(伊太利) - 이탈리아

인니(印尼) - 인도네시아

인도(印度) - 인디아

토이기(土耳其) - 터키

파서국(巴西國) - 브라질

포도아(葡萄牙) - 포르투칼

화란(和蘭) - 홀랜드(네덜란드)

호주(濠洲) - 오스트레일리아

신문한자 영화광고

9. 西部劇 : 서부극

① 미국영화 특유의 장르로

개척기 미국 서부지역을 무대로 한 영화.

② 서부극의 기본적인 사상은

남성적인 개척자 정신의 강조 또는 찬미이고,

영화로서의 최대 매력은 총격이나 격투의 액션과 스피드,

거기에 광대한 자연풍토가 주는 소박한 해방감 등이다.

西 : 서쪽 서

㉠ 옛 字形(자형)은 새의 둥지나 그와 비슷한 꼴을 나타냄.

㉡ 그 옛음이 死(죽을 사 : 사람이 없어지다)나

遷(옮길 천 : 옮아가다)과 관련이 있었기 때문에,

西(서쪽 서)는 해가 지는 것을 나타내는데 쓰여지고

해가 지는 방향(方向) → 서쪽의 뜻을 나타내게 되었음.

㉢ 나중에 西(서)의 字形(자형)을

새가 둥지에 있는 모양으로 잘못 보아

저녁 때 해가 서쪽에 기울어

새가 둥지에 돌아가는 것이라고 설명하게 되었음.

部 : 지역 부 / 거느릴 부

㉠ 뜻을 나타내는 우부방(阝〈언덕 부〉 : 마을)部와

　　음을 나타내는 부수를 제외한 글자 咅(부)로 이루어짐.

㉡ 여러 고을을 갈라 나누어 다스린다는

　　우부방(阝 : 마을)部의 뜻이 합하여 '나누다'를 뜻함.

㉢ 부수를 제외한 글자 咅(침뱉을 부)는 倍(갑절 배) 따위와 통함.

㉣ 물건(物件)이 갈라지다 → 나누다의 뜻을 나타냄.

㉤ 우부방(阝(=邑) : 마을)部는 사람이 사는 마을,

　　사람이 살고 있는 한 구역(區域), 또 지명(地名)으로 쓰여짐.

㉥ 나중에 군대(軍隊)를 나누어 배치하거나,

　　물건(物件)을 작게 나누는 것을 나타냄.

劇 : 심할 극

㉠ 劇(심할 극)의 본자(本字).

㉡ 뜻을 나타내는 선칼도방(刂〈=刀〉 : 칼, 베다, 자르다)部와

　　음(音)을 나타내는 부수를 제외한 글자

　　豦(거 → 극)이 합하여 이루어짐.

㉢ 豦(원숭이 거)는 호랑이가 두 발을 들고 서는 모양

　　→ 급함 → 맹렬(猛烈)함을 뜻함.

㉣ 갑자기 무엇인가 일어나는 것을 遽(급히 거)라 하고,

　　맹렬(猛烈)한 일, 큰 일을 勮(힘쓸 거)라 함.

10. 記念 : 기념

① 뒤에 어떤 일을 상기할 근거로 삼음.

② 또는 그 물건(物件).

③ 지난 일을 상기하여 기억을 새롭게 함.

記 : 기록할 기

㉠ 뜻을 나타내는 말씀 언(言 : 말씀)部와

　음(音)을 나타내는 己(기 : 굽은 것을 바로잡다

　→ 좋지 못한 것을 바로잡다

　→ 흩어진 것을 정리하는 일)로 이루어짐.

㉡ 뒤섞인 일을 정리하여 순서있게 하다 → 적는 일을 말함.

念 : 생각 념(염)

㉠ 뜻을 나타내는 마음 심(心 : 마음, 심장)部와

　음(音)을 나타내는 今(지금 금 → 념)이 합하여 이루어짐.

㉡ 지금 마음을 포함하다 → 마음속에 포함되다란 뜻을 나타냄.

㉢ 언제나 그 일을 마음속에 생각하여 잊지 않는 일을 나타냄.

西						
서쪽 서						

部						
지역 부						

劇						
심할 극						

西	部	劇				
서	부	극				

記						
기록할 기						

念						
생각 념						

記	念					
기	념					

※ 반복연습을 원하시면 깨끗한 상태로 복사해서 사용하세요.

剧 심할 극						
遷 옮길 천						
方 방위 방						
向 향할 향						
倍 갑절 배						
今 지금 금						
己 몸 기						

※ 반복연습을 원하시면 깨끗한 상태로 복사해서 사용하세요.

11. 硝煙 : 초연

　　화약(火藥)의 연기(煙氣)

硝 : 화약 초

　　뜻을 나타내는 돌 석(石 : 돌)部와

　　음(音)을 나타내는 肖(닮을 초)가 합하여 이루어짐.

煙 : 연기 연

㉠ 대법원 인명용으로는 연.

㉡ 뜻을 나타내는 불 화(火 : 불꽃)部와

　　음(音)을 나타내는 동시에 막힌다는 뜻을 가진

　　부수를 제외한 글자 垔(막을 인 → 연)으로 이루어짐.

㉢ 불이 타서 자욱이 퍼진다는 뜻.

　　연기(煙氣)를 말함.

12. 血霧 : 혈무

① 피로 만들어진 안개

② 피로 얼룩진 싸움터를 말함.

血 : 피 혈

ⓐ 제사에 희생된 짐승의 피를 그릇에 가득 담아 바친 모양.

ⓑ 옛날엔 약속을 할 때, 이 피를 서로 빨곤 하였음.

ⓒ 옛날엔 皿(명 : 그릇)위에 一(일)획을 썼으나,
　　지금은 삐침 별(丿 : 삐침)部를 씀.

霧 : 안개 무

ⓐ 뜻을 나타내는 비 우(雨 : 비, 비가 오다)部와
　　음(音)을 나타내는 동시에 덮는다는 뜻을 가진
　　務(힘쓸 무)로 이루어짐.

ⓑ 공중(空中)을 덮는 수증기, 안개의 뜻.

硝						
화약 초						

煙						
연기 연						

硝	煙					
초	연					

血						
피 혈						

霧						
안개 무						

血	霧					
혈	무					

肖						
닮을 초						

※ 반복연습을 원하시면 깨끗한 상태로 복사해서 사용하세요.

堙						
막을 인						

務						
힘쓸 무						

空						
빌 공						

皿						
그릇 명						

藥						
약 약						

氣						
기운 기						

石						
돌 석						

※ 반복연습을 원하시면 깨끗한 상태로 복사해서 사용하세요.

나성(羅城)에 가면(노래 : 세샘 트리오)

1절

나성에 가면 편지를 띄우세요
사랑의 이야기 담뿍 담은 편지
나성에 가면 소식을 전해줘요
하늘이 푸른지 마음이 밝은지
즐거운 때도 외로운 때도 생각해 주세요
나와 둘이서 지낸 날들을 잊지 말아줘요

나성에 가면 편지를 띄우세요
함께 못가서 정말 미안해요
나성에 가면 소식을 전해줘요
안녕 안녕 내 사랑

2절

나성에 가면 편지를 띄우세요
꽃모자를 쓰고 사진을 찍어 보내요
나성에 가면 소식을 전해줘요
예쁜 차를 타고 행복을 찾아요
당신과 함께 있다하면 얼마나 좋을까
어울릴꺼야 어디를 가든 반짝거릴텐데

나성에 가면 편지를 띄우세요
함께 못가서 정말 미안해요
나성에 가면 소식을 전해줘요
안녕 안녕 내 사랑

성(城)은 도시를 뜻하는 것이고, '엘에이(L.A)'라 하지 않고 그냥 '라(LA)'라고 읽은 것 뿐이다. 예로 WTO를 '우토'나 SES를 '쎄스'라 하는 것과 같다. '라성'에서 두음법칙(頭音法則)으로 '나성'이 된 것이다.

13. 告別 : 고별

① 이별을 알림.

② 특히, 죽은 이와의 영원한 이별.

告 : 고할 고

㉠ 대법원 인명용으로는 고.

㉡ 소(牛 : 소 우)를 제물(祭物)로 바쳐 놓고,

　신에게 소원을 말한다(口 : 입 구)는 뜻이 합하여 '알리다'를 뜻함.

㉢ 告(고)는 '큰 소리로 아뢰다'의 뜻의

　號(부르짖을 호)와도 관계(關係)가 깊음.

別 : 나눌 별 / 다를 별

㉠ 咼(뼈 발라낼 과 → 另〈헤어질 령〉)와

　선칼도방(刂 〈=刀〉 : 칼, 베다, 자르다)部의 합자.

㉡ 살과 뼈를 나누는 일,

　나중에 살에 한하지 않고, 사물을 구분하는 뜻으로 쓰임.

14. 最後 : 최후

　맨 마지막

最 : 가장 최

㉠ 日(왈 : 덮치다)과 取(취 : 취하다)의 합자.

㉡ 덮쳐 취하다 → 모두 취하다 → 모두

　→ 모든 것 중에서 가장 뛰어난 것

後 : 뒤 후

　발걸음(두인변〈彳 : 걷다, 자축거리다〉部)을

　조금씩(문자의 오른쪽 윗부분 : 幺〈작을 요〉) 내딛으며

　뒤처져(뒤져올 치〈夂 : 머뭇거림, 뒤져 옴〉) 오니 '뒤'를 뜻함.

告						
고할 고						

別						
나눌 별						

告	別					
고	별					

最						
가장 최						

後						
뒤 후						

最	後					
최	후					

牛						
소 우						

※ 반복연습을 원하시면 깨끗한 상태로 복사해서 사용하세요.

取						
취할 취						

曰						
덮칠 왈						

另						
헤어질 령						

號						
부르짖을 호						

祭						
제사 제						

物						
물건 물						

夊						
뒤져올 치						

※ 반복연습을 원하시면 깨끗한 상태로 복사해서 사용하세요.

나이와 관련된 한자어

공자의 수양과정에서 유래된 말들

지학(志學) 또는 지우학(志于學) - 15세

이립(而立) - 30세

불혹(不惑) - 40세

지천명(知天命) - 50세

이순(耳順) - 60세

종심(從心) 또는 불유구(不踰矩) - 70세

한자의 모양새에서 유래된 말들(破字 : 파자)

희수(喜壽) - 77세

미수(米壽) - 88세

졸수(卒壽) - 90세

백수(白壽) - 99세

기타 나이를 나타내는 말

약관(弱冠) - 20세('예기'에서 유래)

고희(古稀) - 70세('두보의 시'에서 유래)

망륙(望六) - 51세('예순을 바라본다'는 뜻)

망구(望九) - 81세('아흔을 바라본다'는 뜻) = 망구순(望九旬)

구질(九秩) - 90세

망백(望百) - 91세('백 살을 바라본다'는 뜻)

1. 蛇形 : 사형

　　뱀의 모양(模樣). 뱀의 형상(形狀)

▲ 사형권법의 포즈를 취한 성룡(成龍)의 모습

蛇 : 긴뱀 사

㉠ 대법원 인명용으로는 사.

㉡ 뜻을 나타내는 벌레 충(虫 : 뱀이 웅크린 모양, 벌레)部와

　　음(音)을 나타내는 동시에 '뱀'을 뜻하는 부수를 제외한 글자

　　它(뱀 사)를 더하여 '벌레'와 구분하였음.

形 : 모양 형

㉠ 뜻을 나타내는 터럭 삼(彡 : 무늬, 빛깔, 머리, 꾸미다)部와

　　음(音)을 나타내는 부수를 제외한 글자

　　开(평평할 견 : 같은 높이의 두 개의 물건 → 형)이 합하여 이루어짐.

㉡ 생김새가 뚜렷이 보인다는 뜻이 합하여 '형상'을 뜻함.

2. 鶴攻 : 학공

학의 공격, 두루미의 공격

鶴 : 학 학 / 두루미 학

㉠ 鶴(학 학)의 본자(本字).

㉡ 뜻을 나타내는 새 조(鳥)部와

음(音)을 나타내는 동시에 희다의 뜻을 가지는

부수를 제외한 글자 隺(두루미 학)으로 이루어짐.

㉢ '흰 새'의 뜻.

攻 : 칠 공 / 공격할 공

㉠ 뜻을 나타내는 등글월문(攵 : 일을 하다, 회초리로 치다)部와

음(音)을 나타내는 工(장인 공)으로 이루어짐.

㉡ '무기(武器)를 들고 치다'의 뜻.

蛇 긴뱀 사						
形 모양 형						
蛇 사	形 형					
鶴 두루미 학						
攻 칠 공						
鶴 학	攻 공					
彡 터럭 삼						

※ 반복연습을 원하시면 깨끗한 상태로 복사해서 사용하세요.

虫						
벌레 충						

它						
뱀 사						

形						
모양 형						

鳥						
새 조						

隹						
두루미 학						

工						
장인 공						

鶴						
두루미 학						

※ 반복연습을 원하시면 깨끗한 상태로 복사해서 사용하세요.

베스트 키드(The karate kid, 1984년)

다니엘(Daniel Larusso : 랄프 마치오 분)은 모친(母親) 루실르가 직장을 옮기는 바람에, 캘리포니아의 소도시로 이사를 간다.

이사간 다음날, 해변 파티에서 앨리(Ali Mills : 엘리자베스 슈 분)라는 여자친구를 사귀게 되는데, 그녀의 애인이었던 쟈니(Johnny Lawrence : 윌리엄 자브카 분)의 멤버들로부터 폭행(暴行)을 당한다. 이웃집의 일본계 주민 미야기(Miyagi : 팻 모리타 분)만이 다니엘을 위로해 준다.

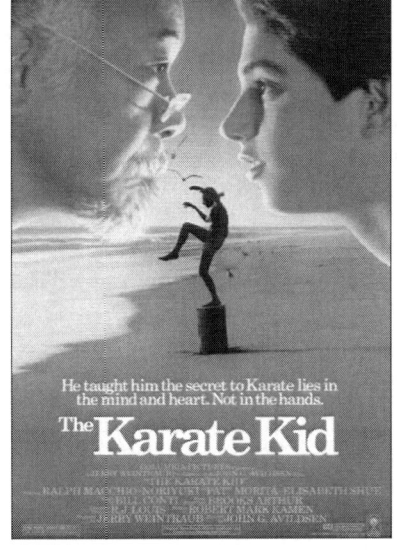

괴로운 나날 속에 댄스 파티에서 또 폭행을 당하는 다니엘을 미야기가 가라데로 구출하고, '18세 이하 가라데 대회'의 대결로 우열(優劣)을 가리자고 쟈니와 그 멤버에게 제의, 협약(協約)을 맺는다. 다니엘의 피나는 훈련 속에, 대회의 날이 다가온다.

마침내 가라데의 정신과 무술을 통해, 사랑과 명예를 회복하는 대체로 심플한 스토리이다. 이때 주인공의 여자친구으로 나온 배우가 〈백 투더 퓨쳐 2, 3탄〉〈라스베가스를 떠나며〉〈할로우맨〉〈세인트〉 등에 나온 여배우 엘리자베스 슈이다.

▲ 라스트씬의 '학다리 권법'을 예고하는 듯한 가라데의 동작연습

▲ 일본이 가라데 홍보를 위해, 미국 컬럼비아사와 손잡고 만든 영화라고 한다.

▲ 극중 대미(大尾)를 장식하는 '학다리 권법'.
(근데 가라데〈공수도〉에 실제로 이런 동작이 있나?)

3. 猫拳 : 묘권
① 고양이의 주먹
② 고양이 권법(拳法)

猫 : **고양이 묘**

㉠ 貓(고양이 묘)의 속자(俗字).

㉡ 뜻을 나타내는 개사슴록변(犭〈=犬〉: 개)部와

　음(音)을 나타내는 苗(모종 묘)가 합하여 이루어짐.

拳 : **주먹 권**

　뜻을 나타내는 손 수(手 : 손)部와

　음(音)을 나타내며 부수를 제외한 글자 (권)이

　합하여 이루어짐.

4. 飛猫神拳 : 비묘신권

날으는 고양이의 위력적인(신비스러운) 권법

飛 : 날 비 / 날아갈 비

㉠ 새가 날개치며 나는 모양 → 날다 → 날리다 → 빠름.

㉡ 부수(部首)로 쓰일 때는 (날비몸)이라 함.

神 : 귀신 신 / 신령 신

㉠ 뜻을 나타내는 보일 시(示 : 보이다, 신)部와

음을 나타내는 申(알릴 신)이 합하여 이루어짐.

㉡ 申(신)과 만물(萬物)을 주재하는 신(示)의 뜻을 합하여

'정신'을 뜻함.

㉢ 申(알릴 신)은 번갯불의 모양,

示(보일 시)변은 신이나 제사에 관계있음을 나타냄.

㉣ 神(신)은 '天體(천체)의 여러 가지 변화를 부리는 신'을 말함.

㉤ 아주 옛날, 사람들은 '천체의 변화'를

'신비한 힘을 가진 신의 행위'라 생각하고,

그것을 '번갯불'로 표현하여 神(신)자로 삼음.

猫						
고양이 묘						

拳						
주먹 권						

猫	拳					
묘	권					

飛						
날 비						

神						
귀신 신						

飛	猫	神	拳			
비	묘	신	권			

※ 반복연습을 원하시면 깨끗한 상태로 복사해서 사용하세요.

貓						
고양이 묘						

苗						
모종 묘						

示						
보일 시						

申						
알릴 신						

萬						
일만 만						

物						
물건 물						

體						
몸 체						

※ 반복연습을 원하시면 깨끗한 상태로 복사해서 사용하세요.

쇼 브라더즈와 골든 하베스트

쇼 브라더즈(Shaw Brothers : 소씨형제유한공사, 邵氏兄弟有限公司)
골든 하베스트(Golden Harvest : 가화전영공사, 嘉禾電影公司)

홍콩영화하면, 액션영화를 떠올리게 된다. 그렇게 된 데에는 쇼 브라더즈
의 공이 크다. 모르는 사람이 본다면, 이름이나 로고가 꼭 워너 브라더즈(미
국의 대형 영화사)의 짝퉁처럼 보이지만, 쇼 브라더즈는 그렇게 쉽게 폄하될
만한 영화사가 아니다.

1930년대부터 극장을 100개 넘게 운영해 왔던 '소씨' 가문은 싱가포르를
중심으로 한 극장 배급업에서 한 걸음 더 나가기 위해, 홍콩에 대형 스튜디
오를 건립하였다.

소씨 가문의 막내, 흔히 '란란쇼'라 불리는 소일부(邵逸夫 : Run Run Shaw, 란란쇼/런런쇼)는 이 스튜디오를 기반으로 그때까지 홍콩영화의 주류였던 뮤지컬, 코미디, 사회파, 멜로 드라마를 탈피한 새로운 장르를 만들기로 결심한다. 다름아닌 **무협영화**였다.

호금전의 〈대취협〉, **장철**의 〈독비도〉는 쇼 브라더즈의 영화가 동남 아시아에서 확실한 브랜드로 자리매김 하는데 1등 공신이 되었다.

▲ 호금전(胡金銓) 감독　　　　　　▲ 장철(張徹) 감독

액션 장면을 어떻게 찍을지 몰라서 일본 사무라이 영화스탭들을 초빙해 왔을 정도였지만, 이 공장같은 **쇼 브라더즈** 스튜디오에서 유가량, 당가, 한영걸 같은 초기의 무술감독들, 그리고 이 무술감독들의 안무를 실질적으로 구현한 젊은 스턴트맨들이 함께 홍콩 액션영화를 '발명'했다. 이렇게 **쇼 브라더즈**와 무협영화는 홍콩영화의 주류(主流)가 됐다.

여기서 만들어진 영화들은 동남아시아 전역에 걸친 **쇼 브라더즈**의 극장체인을 통해 소개되었고, 홍콩영화하면 '**무협, 액션**'이라는 공식이 만들어졌다.

항상 잘 나갈 때 조심해야 되는데, 사장 **소일부**는 성격이 좀 독선적이었나 보다. **왕우(王羽)**를 비롯한 일부 스타들이나 감독들이 독선적이었던 소일부에게 반기를 들었는데, 그 와중에 쇼 브라더즈의 핵심 브레인 중 하나였던 **추문회(鄒文懷 : Raymond Chow, 레이몬드 초)**가 소일부와 싸우고 독립을 해버렸다.

▲ 소일부(좌)와 추문회(우)의 모습

왕우를 비롯, **라유(羅維** : 당산대형, 정무문, 소림 목인방의 감독), **왕천림** 같은 감독들이 **추문회**가 만든 신생 영화사에서 영화를 찍기 시작했다. 하지만 그땐 아무도 이런 식으로 역사가 흘러갈 지 상상을 못했을 거다.

모두가 다윗과 골리앗의 싸움이라 했다. **추문회**가 만든 회사의 이름은 가화(嘉禾 : 열매가 많이 붙은 큰 벼이삭)였다. 영어로는 '골든 하베스트'라고 했다. 80년대 홍콩영화의 팬이라면 누구나 알만한 바로 그 로고다.

　71년 창립당시 골든 하베스트는 쇼 브라더즈와 똑같은 스타일의 무협영화를 찍고 있었다. 쉽게 이야기하면, 쇼 브라더즈의 B급 제작팀을 그대로 이끌고 독립한 셈인데…. 그러다 보니 쇼 브라더즈는 골든 하베스트를 큰 위협으로 여기지 않았다. 문제는 바로 이소룡(李小龍)이었다.

　헐리우드에서 동양인 최초의 히어로를 꿈꿨던 이소룡은 좌절(挫折)만 맛보고, 홍콩 영화계로의 진출을 모색했다. 아시아에서 성공해서 다시 헐리우드로 진출하리라는 야망(野望)을 품고….

　그렇게 해서 이소룡이 처음 접촉한 영화사가 쇼 브라더즈였다. 쇼 브라더즈는 이소룡이라 해서 특별할 거 없었다. 너무 커버린 왕우(王羽) 때문에 벌어졌던 갈등이 채 마무리되지 않은 상태여서 그랬는지, 아무튼 소일부는 이소룡을 거절했다.

골든 하베스트의 추문회는 끈질긴 구애 끝에, 쇼 브라더즈가 버린 이소룡을 잡았다. 이 선택 때문에 골든 하베스트사는 단번에 메이저로 발돋음했다. 이소룡 영화들의 파괴력은 영화뿐 아니라, 사회 전반적으로 커다란 신드롬을 일으키게 되었다. 보통 개인과 시스템의 싸움에서 대부분은 시스템이 개인을 이기지만, 뛰어난 개인이 시스템 자체를 변화(變化)시키기도 한다.

이후로 골든 하베스트는 쇼 브라더즈로 대표되는 무협영화 대신, 이소룡으로 대표되는 실전 무술가들의 현대적인 액션영화, 그리고 허관문, 허관걸, 허관영 3형제의 도시 코미디 영화로 쇼 브라더즈의 아성(牙城 : 가장 중요한 근거지)을 무너뜨렸다.

Master Practical HanJa

Second Month

1. 特別 : 특별
① 보통(普通)과 다름.
② 보통(普通)보다 훨씬 뛰어남.

特 : 특별할 특

　　옛날 관청(寺)에서 중대한 일을 결정할 때는

　　보통 것보다 크고 힘센 소(牛)를 신의 제단에 바쳤는데

　　그런 특별한 소라는 데서 '특별하다'를 뜻함.

別 : 나눌 별 / 다를 별

㉠ 咼(뼈 발라낼 과 → 冎〈헤어질 령〉)와

　　선칼도방(刂〈=刀〉 : 칼, 베다, 자르다)部의 합자.

㉡ 살과 뼈를 나누는 일,

　　나중에 살에 한하지 않고, 사물을 구분하는 뜻으로 쓰임.

2. 輸入 : 수입
① 외국으로부터 물품을 사들임.
② 외국의 사상(思想)이나 문물(文物), 제도(制度), 풍습(風習) 등을
　　배워서 들여옴.

輸 : 보낼 수

㉠ 뜻을 나타내는 수레 거(車 : 수레, 차)部와

   음(音)을 나타내는 兪(대답할 유 → 수)가 합하여 이루어짐.

㉡ 兪(유 → 수)는 나무를 파내어 만든 통나무 배,

   여기에서는 물건을 싣고 건너는 것을 나타내고 있음.

㉢ 수레 거(車 : 수레, 차)部는 수레, 배나 수레에

   물건(物件)을 실어 보내는 일을 뜻함.

入 : 들 입

㉠ 入(입)은 토담집 따위에 들어가는 것.

㉡ 나중에 대궐같은 건물(建物)에 들어가는 것을

   內(내)라 일컫지만,

   본디 入(들 입)·內(안 내)·納(들일 납)은

   음도 뜻도 관계(關係)가 깊은 말이었음.

特						
특별할 특						

別						
다를 별						

特	別					
특	별					

輸						
보낼 수						

入						
들 입						

輸	入					
수	입					

內						
안 내						

※ 반복연습을 원하시면 깨끗한 상태로 복사해서 사용하세요.

納						
들일 납						

車						
수레 거						

兪						
대답할 유						

另						
헤어질 령						

普						
넓을 보						

通						
통할 통						

件						
물건 건						

※ 반복연습을 원하시면 깨끗한 상태로 복사해서 사용하세요.

훈몽자회(訓蒙字會)에 대한 자료

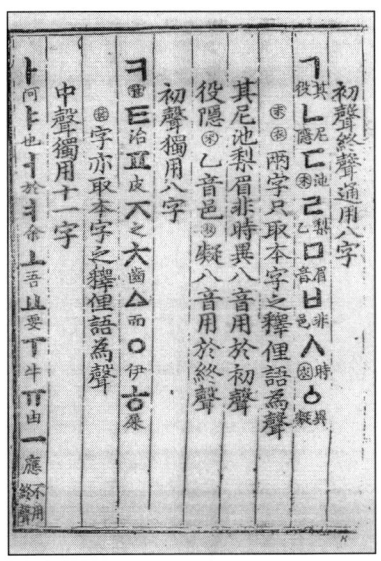

〈훈몽자회〉는 중종때 최세진이 지은 것으로 알려져 있다. 이 책이 유명한 것은 한글 자모명칭과 관련 있는 내용이 들어 있기 때문이다.

후대에 우리말을 연구하던 학자가 이 글을 보고, 현재의 한글 자모명칭을 사용한 것이다. 하지만 이는 '명백히 잘못된 것'임을 알 수 있다.

'ㄱ'을 '기역(其役)'이라 부른 것은 무지(無知)의 소치(所致)이다. 최세진은 'ㄱ'이 초성에 쓰이는 예로 '其(기)', 종성에 쓰이는 예로 '役(역)'을 들어 설명한 것인데, 이것이 곧 '명칭'이 되고 만 것이다. 'ㄴ, ㄷ, ㄹ, ㅁ, ㅂ, ㅅ, ㅇ'도 마찬가지다.

그렇지 않다면 아래 사진의 중간에 있는 'ㅋ, ㅌ, ㅍ, ㅈ, ㅊ' 등은 '키, 티, 피, 지, 치' 등으로 읽어야 한다.

3. 奇蹟 : 기적

① 상식으로는 생각할 수 없는 이상야릇한 일.

② 기독교에서, 인간의 힘으로는 불가능한 일을

　성령의 힘을 입은 사람이 이루어 내는 일을 말함.

奇 : 기이할 기

㉠ 뜻을 나타내는 큰 대(大 : 크다)部와

　음(音)을 나타내는 동시(同時)에

　하나의 뜻을 나타내기 위한 可(옳을 가 → 기)로 이루어짐.

㉡ 보통이 아니다 → 진기(珍奇)하다의 뜻이 됨.

蹟 : 자취 적

㉠ 뜻을 나타내는 발 족(足 : 발)部와

　음(音)을 나타내는 동시(同時)에

　자취란 뜻을 나타내기 위한 責(꾸짖을 책 → 적)으로 이루어짐.

㉡ 변이(轉)하여 일의 자취의 뜻으로 쓰임.

跡 : 발자취 적

㉠ 뜻을 나타내는 발 족(足 : 발)部와

　음(音)을 나타내는 亦(또한 역 → 적)으로 이루어짐.

㉡ 발자국 → 사물의 자취의 뜻으로 쓰임.

4. 戰爭 : 전쟁

① 싸움

② 무력(武力)으로 국가간에 싸우는 일.
   국제법상 선전(宣戰)포고에 의하여 발생함.

戰 : 싸움 전

   뜻을 나타내는 창 과(戈 : 창, 무기)部와

   음(音)을 나타내는 單(홀로 단 → 전)이 합하여

   '전쟁(戰爭)'을 뜻함.

戦 : 싸움 전, 일본식 간체자.

爭 : 다툴 쟁

㉠ 争(다툴 쟁)의 본자(本字).

㉡ 손톱(爪 : 손톱 조)을 드러내고 손(又 : 또 우)으로 치며

   싸운다는 뜻이 합하여 '다투다'를 뜻함.

争 : 다툴 쟁, 일본식 간체자, 속자(俗字)

奇						
기이할 기						

蹟						
자취 적						

奇	蹟					
기	적					

跡						
발자취 적						

奇	跡					
기	적					

戰						
싸움 전						

爭						
다툴 쟁						

※ 반복연습을 원하시면 깨끗한 상태로 복사해서 사용하세요.

戰	爭					
전	쟁					

戰						
싸움 전						

爭						
다툴 쟁						

戰	爭					
전	쟁					

可						
옳을 가						

責						
꾸짖을 책						

單						
홀로 단						

※ 반복연습을 원하시면 깨끗한 상태로 복사해서 사용하세요.

호칭(呼稱)과 관련된 한자어

朴正熙대통령과 큰영애가 12일상오 서울新橋·富井투표소에서 투표함에 투표지를 넣고있다.

▲ 여기서 '큰 영애'는 큰 딸인 박근혜를 가리킨다. 또한 공석(空席)인 '퍼스트 레이디'를 대신하는 상징적인 의미로도 쓰인다고 볼 수 있다.

영식(令息) - '남의 아들'에 대한 높임말

영랑(令郞) - '남의 아들'에 대한 높임말

영애(令愛) - '남의 딸'에 대한 높임말

영양(令孃) - '남의 딸'에 대한 높임말

가교(家嬌) - '자신의 딸'을 이르는 말

영부인(令夫人) - '남의 아내'에 대한 높임말(현재는 주로 대통령의 아내를 뜻함)

춘부장(春府丈, 椿府丈) - '남의 아버지'를 높여 이르는 말

대부인(大夫人) - '남의 어머니'를 높여 부르는 말

자당(慈堂) - '남의 어머니'를 높여 부르는 말

훤당(萱堂) - '남의 어머니'를 높여 부르는 말

완장(阮丈) - '남의 삼촌'을 높여 이르는 말

엄친(嚴親) - 남에게 '자신의 아버지'를 일컫는 말

자친(慈親) - '자신의 어머니'를 일컫는 말

선고(先考) - 돌아가신 아버지

선비(先妣) - 돌아가신 어머니

선자(先慈) - 돌아가신 어머니

망실(亡室) - 죽은 아내(=亡妻)

5. 激讚 : 격찬

몹시 칭찬(稱讚)함.

激 : 격할 격

㉠ 뜻을 나타내는 삼수변(氵〈=水〉 : 물)部와

　음(音)을 나타내는 동시(同時)에

　갑자기 뻗는다는 뜻을 나타내기 위한

　부수를 제외한 글자 敫(노래할 교)의 변음으로 이루어짐.

㉡ 물이 바위 따위에 부딪쳐 물보라를 튀긴다는 뜻.

　변이(轉)하여 '맹렬하다(猛烈하다)'는 뜻.

讚 : 기릴 찬 / 찬양할 찬

㉠ 讚(기릴 찬)의 본자(本字).

㉡ 뜻을 나타내는 말씀 언(言 : 말하다)部와

　음(音)을 나타내는 동시에

　'앞으로 보내다'의 뜻을 가지는 贊(도울 찬)으로 이루어짐.

㉢ 사람을 치켜올려 권하는 말.

讃 : 기릴 찬, 讚(찬)의 약자(略字), 일본식 간체자.

6. 民族 : 민족

　　인종적(人種的), 지역적(地域的) 기원이 같고,

　　문화적(文化的) 전통과 역사적(歷史的) 운명을

　　같이 하는 사람의 집단.

民 : 백성 민

㉠ 백성은 천한 신분을 타고 나며, 눈 먼 사람이라 생각했음.

㉡ 눈이 보이지 않는 데서 無知(무지), 무교육인 사람

　　→ 일반 사람이란 뜻.

㉢ 먼 옛날에는 사람을 신에게 바치는 희생으로 하거나,

　　신의 奴隷(노예)로 삼았음. 그것이 民(민)이었다고도 함.

族 : 겨레 족

　　전쟁(戰爭)이 나면 한 깃발(方 : 방위 방) 아래,

　　같은 핏줄의 무리가 활(矢 : 화살 시)을 들고

　　싸운다는 뜻을 합하여 '겨레', '민족'을 뜻함.

激						
격할 격						

讚						
기릴 찬						

激	讚					
격	찬					

民						
백성 민						

族						
겨레 족						

民	族					
민	족					

讚						
기릴 찬						

※ 반복연습을 원하시면 깨끗한 상태로 복사해서 사용하세요.

둘째달 3일차 [신문한자 쓰기연습] ▼

矢						
화살 시						
方						
방위 방						
贊						
도울 찬						
敎						
노래할 교						
言						
말씀 언						
奴						
종 노						
隷						
종 예(례)						

※ 반복연습을 원하시면 깨끗한 상태로 복사해서 사용하세요.

民 : 백성 민

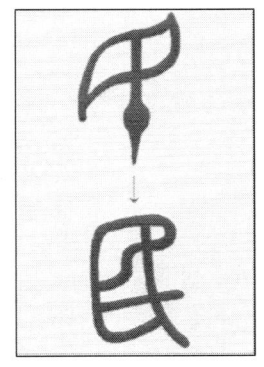

한문학자 진태하 교수의 저서 '한자학 전서(全書)'에서는 '해석이 통일되어 있지는 않으나, 옛 자형들을 볼 때, 본래 풀싹의 모양(模樣)을 그린 것인데, 뭇 백성이 임금에 대하여 순종함을 비유한 것'이라고 설명했다.

이쯤에서, 일반 대중이라는 의미로 전용(轉用)된 영어 낱말 grass-roots(풀뿌리)가 나와야 한다. 풀뿌리라는 뜻, 우리말 민초(民草) 또한 그 뜻과 쓰임이 다르지 않다는 생각이 든다.

원래 시작은 잔바람에도 휘청 눕는 보잘 것 없는 졸(卒)의 존재였지만, 역사(歷史)와 신화(神話)의 세례로 결국에 이르러서는 나라와 '맞장'을 뜨기도 한다. 긍지(矜持)의 시민, 씨티즌(citizen)으로 변신하는 것이 민(民)이자, 백성(百姓)이다. 다른 말로 국민(國民)이라고 불린다.

7. 十戒 : 십계

① 지켜야 할 10가지 계율(戒律)

② 이스라엘 민족이 모세의 인도로 이집트의 박해에서 벗어나

가나안으로 가는 과정을 그린 종교영화.

(十誡, The Ten Commandments)

十 : 열 십

㉠ 두 손을 엇갈리게 하여 합친 모양을 나타내어 '열'을 뜻함.

㉡ 옛날 수를 나타낼 때 하나로부터 차례로 가로줄을 긋되,

우수리 없는 수, 다섯은 ×, 열은 Ⅰ과 같이

눈에 띄는 기호를 사용하였음.

나중에 十(십)이라 씀.

※우수리 : 1) 물건값을 제하고 거슬러 받는 잔돈.

2) 일정한 수(& 수량)에 차고 남는 수(& 수량).

戒 : 경계할 계

㉠ 誡(경계할 계)와 통자(通字).

㉡ 창 과(戈 : 창, 무기)部와 양손 모양의 글자로 이루어짐.

㉢ 창을 들고 대비하는 모습으로 변이(轉)하여 '경계하다(警戒하다)'의 뜻.

誡 : 경계할 계

㉠ 戒(경계할 계)와 통자(通字).

㉡ 뜻을 나타내는 말씀 언(言 : 말하다)部와

　음(音)을 나타내는 戒(계)가 합하여 이루어짐.

---

8. 敍事詩 : 서사시

① 서정시(抒情詩), 극시(劇詩)와 함께 시의 3대 부문의 하나.

② 국민적, 민족적 집단의 역사적 사건이나 신화,

　또는 전설과 영웅의 사적을 장시(長詩)로 꾸미어

　객관적, 비(非)개성적으로 읊은 시(詩).

③ 서양의 〈일리아드〉 · 〈오디세이〉,

　우리나라 이규보의 〈동명왕편〉,

　김동환의 〈국경의 밤〉 따위가 있다.

敍 : 펼 서 / 차례 서

㉠ 叙(펼 서)의 본자(本字).

㉡ 뜻을 나타내는 칠 복(攵: 일을 하다, 회초리로 치다)部와

　음(音)을 나타내는 동시에 '두다'의 뜻을 나타내기 위한

　余(나 여 / 남을 여)로 이루어짐.

㉢ '정해진 위치에 두다, 널리 차례를 정하다'의 뜻.

㉣ 또 抒(퍼낼 서)와 통하여 '베풀다'의 뜻.

叙 : 펼 서 / 차례 서

　　敍(서)의 속자(俗字).

事 : 일 사

　　깃발을 단 깃대를 손으로 세우고 있는 모양을 본뜬 글자로

　　역사의 기록을 일삼아 간다는 데서 '일'을 뜻함.

詩 : 시 시

㉠ 음(音)을 나타내는 寺(관청 시)와

　　자신(自身)의 감정을 말(言)이나 글로 표현한다는 뜻이 합하여

　　'시'를 뜻함.

㉡ 言(언)은 말을 마음대로 하거나 써 놓거나 하는 노래를 뜻하고,

　　음(音)을 나타내는 寺(관청 시)는

　　'일을 진행시키다, 사람을 붙잡아 두는 곳'을 말함.

十						
열 십						

戒						
경계할 계						

十	戒					
십	계					

誡						
경계할 계						

十	誡					
십	계					

敍						
펼 서						

事						
일 사						

※ 반복연습을 원하시면 깨끗한 상태로 복사해서 사용하세요.

詩						
시 시						

敍	事	詩				
서	사	시				

叙						
펼 서						

叙	事	詩				
서	사	시				

攴						
칠 복						

抒						
펴낼 서						

余						
남을 여						

※ 반복연습을 원하시면 깨끗한 상태로 복사해서 사용하세요.

1. 歡喜 : 환희
① 매우 즐거움.
② 불법(佛法)을 듣고, 믿음을 얻어 느끼는 기쁨.

歡 : 기쁠 환

㉠ 뜻을 나타내는 하품 흠(欠 : 하품하는 모양)部와

음(音)을 나타내는 부수를 제외한 글자

雚(황새 관 / 박주가리 환)으로 이루어짐.

㉡ 하품 흠部는 사람이 앉아서 입을 크게 벌리고 있는 모양.

㉢ 歡(환)은 음식(박주가리) 앞에 앉아서 입을 벌리고 있는 뜻으로,

음식을 먹는 일은 즐거운 일이므로 기뻐하는 뜻으로 쓰임.

※ 박주가리 : 여러해살이 덩굴풀

喜 : 기쁠 희

㉠ 憙(기뻐할 희), 僖(기쁠 희)와 동자(同字).

㉡ 북(큰북이나 장구같은 타악기)을 치며 노래 부르니(口),

기분이 좋아진다는 데서 '기쁘다'를 뜻함.

2. 悅樂 : 열락

기뻐하고 즐거워함.

悅 : 기쁠 열

㉠ 悅(기쁠 열), 悦(기쁠 열)의 본자(本字).

㉡ 說(기뻐할 열), 兌(기뻐할 열)과 통자(通字).

㉢ 뜻을 나타내는 심방변(忄 〈=心〉 : 마음, 심장)部와

　　음(音)을 나타내는 兌(태 : 없애다 → 열)로 이루어짐.

㉣ 마음의 바르지 않음을 없애다 → 기뻐하다의 뜻을 나타냄.

悦 : 기쁠 열, 悅(열)의 일본식 간체자(簡體字).

樂 : 즐길 락(낙), 노래 악, 좋아할 요

㉠ 楽(락)의 본자(本字).

㉡ 나무(木) 받침대 위에 북과 방울 등 악기가 놓여 있어

　　연주하는 '악기(樂器)', '즐겁다'를 뜻함.

㉢ 작을 요(幺)部 + 작을 요(幺)部 + 木(나무 목)으로

　　현악기(絃樂器)를 나타낸 듯함.

㉣ 후세의 모양은 신을 모시는 춤을 출 때

　　손에 가지는 방울과 같기도 하지만,

　　북 따위의 타악기라고도 일컬어져 왔음.

㉤ 크고 작은 북이 받침 위에 놓여 있는 모양으로

　　악기(樂器)를 나타내는 말이다.

ⓗ 나중에 음악(音樂)으로 쓰인 때는 (악)

그것을 듣고 즐긴다는 뜻으로 쓰인 때는 (락)이라 읽음.

楽 : 노래 악, 즐길 락(낙), 좋아할 요

樂(락)의 약자(略字).

歡						
기쁠 환						

喜						
기쁠 희						

歡	喜					
환	희					

悅						
기쁠 열						

樂						
즐길 락						

悅	樂					
열	락					

悅						
기쁠 열						

※ 반복연습을 원하시면 깨끗한 상태로 복사해서 사용하세요.

楽						
즐길 락						

悦	楽					
열	락					

憙						
기뻐할 희						

僖						
기쁠 희						

兊						
기뻐할 열						

雚						
황새 관						

幺						
작을 요						

※ 반복연습을 원하시면 깨끗한 상태로 복사해서 사용하세요.

3. 翰林 : 한림

　　조선시대 때 예문관(藝文館) 검열(檢閱)의 별칭.

翰 : 편지 한

㉠ 뜻을 나타내는 깃 우(羽 : 깃, 날개)部와

　음(音)을 나타내며 羽를 제외한 글자(간 → 한)으로 이루어짐.

㉡ 새 이름, 산새를 나타냄.

林 : 수풀 림(임)

　　나무 목(木)部 두개를 겹쳐, 나무가 많은 수풀을 뜻함.

4. 作品 : 작품

① 만든 물품. 제작물(製作物).

② 예술 창작활동의 성과.

③ 문학, 미술 등의 창작물.

作 : 지을 작

㉠ 佐(지을 작)의 본자(本字).

㉡ 뜻을 나타내는 사람 인변(亻〈=人〉: 사람)部와

　음(音)을 나타내는 乍(잠깐 사 → 작)이 합하여 이루어짐.

品 : 물건 품

㉠ 여러 사람이 모여서 의견(口 : 입 구)을 주고 받으니,

　좋은 물건이 나타난다 하여 '물건(物件)'을 뜻함.

㉡ 口(입 구)는 사람의 입 → 말을 하는 일,

　品(품)은 많은 사람이 '와글와글' 의논(議論)함

　→ 물건(物件)의 좋고 나쁨을 판정하는 일을 말함.

㉢ 또 다른 설(說)에는 口(구)가 말을 하는 것이 아니고,

　물건(物件)의 모양을 나타내고,

　品(품)은 많은 물건(物件)의 뜻이라고도 함.

翰						
편지 한						

林						
수풀 림						

翰	林					
한	림					

作						
지을 작						

品						
물건 품						

作	品					
작	품					

羽						
깃 우						

※ 반복연습을 원하시면 깨끗한 상태로 복사해서 사용하세요.

作						
지을 작						

乍						
잠깐 사						

口						
입 구						

藝						
재주 예						

館						
집 관						

檢						
검사할 검						

閱						
가릴 열						

※ 반복연습을 원하시면 깨끗한 상태로 복사해서 사용하세요.

조선시대 사관(史官)과 왕(王)의 관계

조선시대 전임(專任) 사관(史官)들은 예문관(藝文館) 소속 봉교(奉教), 대교(待教), 검열(檢閱) 벼슬을 말한다. 이들이 소위 말하는 한림(翰林)들이다. 예문관의 역사는 통일신라까지 거슬러 올라갈 수 있다. 통일신라에서도 '한림'이라 했다고 하니, 한림은 유구한 역사를 가지고 있는 셈이다.

또한 이와는 별도로, 역사를 관장하는 원봉성(元鳳省)이 있어, 궁예가 태봉국(泰封國)을 건설할 때 그대로 모방했던 것을 태조 왕건(王建) 또한 이를 이어 받았다고 한다.

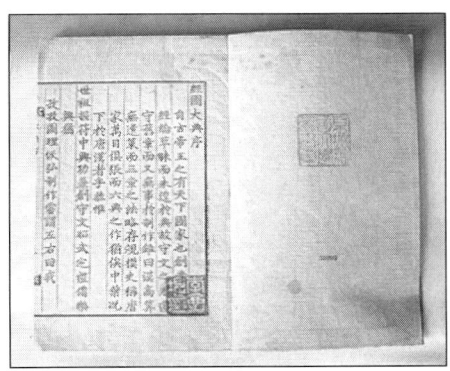

▲ 현재 보존되어 있는 '경국대전(經國大典)'의 모습

그후 이는 학사원(學士院), 한림원(翰林院), 문한서(文翰署), 사림원(詞林院) 등으로 변천하는 과정을 거쳐 고려 말에 예문춘추(藝文春秋館)로 변했고, 이를 태조 이성계도 그대로 이어 받았던 것이다.

　「경국대전(經國大典)」에 의하면, 예문관은 군왕의 사명(辭命)을 제찬(制撰 : 임금의 말씀이나 명령의 내용을 신하가 대신 지음)하는 기관으로 규정되어 있다.

　조선시대 국가체제 운영에 필요한 모든 법이 망라되어 있는 서적이 성종 때 완성을 본 「경국대전」이다. 이러한 법 규정들에 의해 국가가 운영되었기에, 고려시대보다 훨씬 진일보(進一步)한 국가체제를 운영할 수 있었던 것이다. 예문관이 어떤 직무를 가진 기관이고, 소속된 관직은 어떤 종류가 있었나 하는 문제도 당연히 여기의 규정(規程)에 따르게 되어 있다.

　즉, 조선이 건국된 후 부단한 노력으로 제도가 서서히 완비(完備)되어 갔고, 이것이 「경국대전」에 등재(登載)됨으로써 끝을 맺는 것이다.

5. 映像 : 영상

① 빛살의 굴절(屈折),

   또는 반사(反射)에 의하여 비친 물체의 모양.

② 비치는 그림자.

映 : 비칠 영

㉠ 뜻을 나타내는 날 일(日 : 해)部와

   음(音)을 나타내는 동시에

   '되돌아오다'의 뜻을 나타내기 위한 **央**(가운데 앙 → 영)으로

   이루어져 햇빛이 되쬐임의 뜻.

㉡ 변이(轉)하여 '비치다, 빛나다'의 뜻을 나타냄.

像 : 모양 상

㉠ 뜻을 나타내는 사람 인변(亻〈=人〉: 사람)部와

   음(音)을 나타내는 象(코끼리 상)이 합하여 이루어짐.

㉡ 음(音)을 나타내는 象(상)과

   사람이나 물건이 닮는다는 뜻이 합하여

   '모양', '형상'을 뜻함.

※ **象(상)**

㉠ 코끼리의 모양.

㉡ 3000년 전에, 중국의 북부에도 코끼리가 있었음.

㉢ 코끼리를 나타내는 말은 옛 발음이 似(닮을 사)와

　관계가 있었던 모양으로, 象(코끼리 상, 형상 상)이라고 써서

　닮다, 닮게 하다란 뜻으로 썼음.

---

6. 演出 : 연출

① 각본(脚本)을 바탕으로 하여, 배우의 연기 및

　무대장치, 의상, 분장, 조명, 음악 등의 여러 요소를 종합하여

　효과적으로 무대공연을 창출하는 일. 또는 그것을 맡은 사람.

　때로 '영화의 감독'을 가리키기도 함.

② 규모가 큰 식(式)이나 집회(集會) 따위를 총지휘하여

　효과적으로 진행시키는 것

③ 어떤 상황이나 상태를 이루어서 만드는 것.

演 : 펼칠 연 / 늘일 연

㉠ 縯(잡아당길 연)과 동자(同字).

㉡ 뜻을 나타내는 삼수변(氵〈=水, 氷〉: 물)部와

　음(音)을 나타내는 寅(나아갈 인 → 연)이 합하여 이루어짐.

出 : 나올 출 / 드러낼 출

㉠ 齣(나올 출)의 중국식 간체자(簡體字).

㉡ 식물의 싹이 땅위로 돋아나는 모양을 본뜬 글자로
'태어나다, 샘솟다, 뛰어나다'를 뜻함.

映						
비칠 영						

像						
모양 상						

映	像					
영	상					

演						
펼칠 연						

出						
나올 출						

演	出					
연	출					

齣						
나올 출						

※ 반복연습을 원하시면 깨끗한 상태로 복사해서 사용하세요.

縯						
잡아당길 연						

寅						
나아갈 인						

象						
코끼리 상						

似						
닮을 사						

央						
가운데 앙						

屈						
굽힐 굴						

折						
꺾을 절						

※ 반복연습을 원하시면 깨끗한 상태로 복사해서 사용하세요.

7. 手法 : 수법

① 수단(手段)과 방법(方法).

② 예술품 등을 만들 때의 솜씨.

手 : 손 수 / 재주 수

㉠ 다섯 손가락을 편 모양을 본뜬 글자.

㉡ 마찬가지로 손의 모양에서 생긴 글자는

　又(다시 우)·寸(마디 촌) 따위가 있음.

㉢ 手(수)는 投(투 : 던지다)·招(초 : 부르다) 등

　다른 글자의 부분이 되면 재방변(扌〈=手〉: 손)部로

　쓰는 일이 많음.

法 : 법 법

㉠ 물(水)은 높은 데서 낮은 곳으로 흘러가는(去 : 갈 거)

　규칙이 있다는 뜻이 합하여 '법, 규정'을 뜻함.

㉡ 水(수 : 공평한 수준)와

　사람의 正邪(정사 : 바름과 사악함)를 분간한다는 신수와

　去(버릴 거 : 악을 제거함)의 합자체(合字體).

㉢ 공평하고 바르게 죄를 조사해,

　옳지 못한 자를 제거한다는 뜻을 나타냄.

8. 深夜 : 심야
깊은 밤

深 : 깊을 심

㉠ 濮(깊을 심)이 고자(古字 : 옛날 글자).

㉡ 뜻을 나타내는 삼수변(氵 : 물)部와

　음(音)을 나타내는 심이 합하여 이루어짐.

㉢ 심은 又(또 우)와 火(불 화)를 합한 모양의 글자에

　穴(혈 : 구멍 → 사람의 주거)을 더하여 이루어진 글자.

㉣ 불을 손에 들고, 굴속 깊숙이 사람이 들어가는 모습.

㉤ 물 수(水〈氵, 氺〉 : 물)部를 더하여

　물의 밑바닥이 깊은 것을 일컬음.

夜 : 밤 야

㉠ 뜻을 나타내는 저녁 석(夕)部와

　음(音)을 나타내는 亦(또 역, 겨드랑이 액 → 야)의

　생략형(省略形)이 합하여 이루어짐.

㉡ 亦(역 → 야)는 사람 몸의 양 겨드랑이,

　夜(야)는 하루를 사람의 몸에 비겨

　그 옆구리에 달을 그린 모양 → 새벽녘을 말함.

㉢ 夕(석)은 月(월 : 달)과 같음.

㉣ 나중에 해질녘에서 새벽까지의 전체를 가리키게 되었는데,

　낮에 비하여 밤은 곁에 있는 것으로 생각했기 때문임.

手						
손 수						

法						
법 법						

手	法					
수	법					

深						
깊을 심						

夜						
밤 야						

深	夜					
심	야					

寸						
마디 촌						

※ 반복연습을 원하시면 깨끗한 상태로 복사해서 사용하세요.

穴						
구멍 혈						

投						
던질 투						

招						
부를 초						

去						
버릴 거						

亦						
역시 역						

深						
깊을 심						

邪						
간사할 사						

※ 반복연습을 원하시면 깨끗한 상태로 복사해서 사용하세요.

짜장면의 유래 : 작장면(炸醬麵) = 자장면?

▲ 자장면(한국산)

　흔히 말하는 **짜장면**은 된소리로 발음한 것이고, **자장면**이 표준어이다. 자장면은 한자어로 **작장면**(작장면 : 炸醬麵)이라고 쓰고 '차오장멘'이라 읽는다. '중국식 된장을 볶아 국수에 얹었다'는 뜻이다.

　산동(山東)지방 음식으로 알려져 있지만, 우리에게 익숙한 그 맛과는 상당히 틀리다. 그리고 실제 자장면은 중국 하류층들이 먹던 음식이었다.

　그 유래나 전래에 대해서는 아직 확실한 근거가 전해지지 않지만, 대략적으로 구전(口傳)으로 전해지는 자장면의 내력은 다음과 같다.

　炸(작)은 '불에 튀기다'라는 뜻이며, 醬(장)은 된장 등의 **발효 식품류**를 뜻하며, 麵(면)은 밀가루 국수라는 뜻이 합해서 만들어진 이름으로, 자장면을 지금의 한국식 한자발음으로 읽으면 '작장면'이다.

　이 작장면은 한국식 발음과 중국식 발음을 혼합하여 불리워진 이름으로 자장면으로 불리워지고 있으며, 이 발음을 현재의 중국식 발음으로 표기하자면 **자장미엔** 또는 **짜장미엔** 정도라고 할 수 있다.

'작'의 중국어 발음은 혀를 입 안으로 깊이 말아 올리면서 한국어의 '자'를 발음하듯 한다. 듣는 사람에 따라 '자'로 들리기도 하고, '짜'로 들리기도 한다. 작(炸)의 의미는 '(폭약이) 터지다' 또는 '(음식을) 튀기다'라는 뜻이 있고, 장(醬)은 작은 젓갈, 된장, 간장 등 발효식품을 총칭(總稱)한다.

특히 '콩을 발효시킨 된장'을 가리킨다. 면(麵)은 국수나 그 외 밀가루로 만든 것을 총칭하는 말이다. 작장면을 글자 그대로 풀자면, '장을 튀겨서(또는 볶아서) 얹어 먹는 국수' 정도가 된다.

▲ 짬뽕(한국산)

※ 짜장면과 함께 얘기거리인 '짬뽕'도 중국음식인 '炒馬麵(초마면)'이 일본 나가사키로 건너가 토착화 되면서 'ちゃんぽん(잔퐁, 찬폰)'이 되었고, 우리나라에 들어온 것은 일제시대를 거치면서 일본어의 영향을 받아 '짬뽕'이라는 이름으로 굳어졌다고 한다.

짬뽕의 발상지는 일본 나가사키로, 그 이름은 '밥 먹었느냐'는 의미의 중국말 '츠판(흘반 : 吃飯)'이 일본에서 '찬폰(ちゃんぽん)'으로 변했다는 것이 통설(通說)이다. 그러니 우리의 '짬뽕'은 일본말을 거쳐, 한국식으로 바뀐 말이다.

1. 大望 : 대망

  큰 희망(希望). 큰 야망.

大 : 클 대 / 큰 대

㉠ 서있는 사람을 정면으로 본 모양.

㉡ 처음에는 옆에서 본 모양인

  人(사람 인)·匕(비수 비) 따위와 같이,

  다만 인간을 나타내는 글자였으나, 나중에 구분(區分)하여

  훌륭한 사람 → 훌륭하다 → 크다의 뜻으로 쓰임.

望 : 바랄 망 / 보름(15일) 망

㉠ 朢(바랄 망/보름 망)과 통자(通字).

㉡ 기지개를 켠 사람 위에 강조한 눈의 모양을 본떠

  '멀리 바라보다'의 뜻을 나타냄.

㉢ 또는 月(달 월)과 壬(아첨할 임)로 이루어진 글자

  망(月+壬)은 낮은 곳에서 **훨씬 높은 곳을 바라본다**는 뜻임.

㉣ 望(망)은 발음을 똑똑히 나타내는

  亡(망할 망)을 글자의 부분으로 정한 것임.

㉤ 나중에 望(망)은 바라보는 일이라고 쓰임.

2. 世紀 : 세기

① 시대(時代)

② 서력(西曆 : 서양 달력)에서, 그리스도 탄생을
   기원(紀元)으로 하여 100년을 1기로 하는 시대의 단위

③ 100년(百年)

④ 매우 길고, 오랜 세월(歲月)

世 : 인간 세 / 세대 세

㉠ 丗(인간 세/세대 세)의 본자(本字).

㉡ 세 개의 十을 이어 30년을 가리켰으며,
   한 세대를 대략 30년으로 하므로 '세대'를 뜻함.

㉢ 30을 나타내는 모양에는 따로 글자가 있으므로,
   이 글자(卅 : 서른 삽)와 구별하기 위하여 모양을 조금 바꿈.

紀 : 벼리 기 / 세월 기

㉠ 뜻을 나타내는 실 사(糸 : 실타래)部와
   음(音)을 나타내는 己(몸 기)가 합하여 이루어짐.

㉡ 음(音)을 나타내는 己(기)는 굽은 것을 바로잡다
   → 뒤섞인 것을 정리하는 일,
   실 사(糸 : 실타래)部는 실을 의미함.

㉢ 紀(기)는 뒤얽힌 실을 풀어서 정리하다
   → 실마리, 나중에 구분짓다 → 나이의 한 구분,
   記(기록할 기)와 같이 적어서 표시하다란 뜻으로도 씀.

※ 벼리 : 그물의 코를 꿴 굵은 줄, 일이나 글의 뼈대가 되는 줄거리

3. 大河 : 대하
① 큰 강
② 중국 황하(黃河)의 별칭

河 : 물 하
㉠ 뜻을 나타내는 삼수변(氵〈=水, 氺〉: 물)部와

　　음(音)을 나타내는 可(옳을 가 → 하)가 합하여 '강물'을 뜻함.

㉡ 可(옳다, 허락하다)는 입으로부터 숨이 세게 나오거나,

　　허락하여 말하는 일을 말함.

㉢ 河(하)는 물이 시원스럽지 못하게 나가다가,

　　세차게 흐르는 것을 나타냄.

㉣ 중국에서는 황하(黃河)를 예로부터 河(하)라 일컫고,

　　그 神(신)을 하신(河神)이라 부르며 소중히 여겼음.

▲ 중국 황하(黃河)의 전경(全景)

大						
클 대						

望						
바랄 망						

大	望					
대	망					

世						
세대 세						

紀						
세월 기						

世	紀					
세	기					

河						
물 하						

※ 반복연습을 원하시면 깨끗한 상태로 복사해서 사용하세요.

大	河					
대	하					

可						
옳을 가						

記						
기록할 기						

黃						
누런빛 황						

糸						
실 사						

己						
몸 기						

望						
바랄 망						

※ 반복연습을 원하시면 깨끗한 상태로 복사해서 사용하세요.

쇼군(장군 : 將軍)이란?

　일본의 역대 무신정권(武臣政權)인 막부(幕府)의 수장(首長)을 가리키는 칭호.

　1192년 가마쿠라 막부(겸창막부 : 鎌倉幕府)의 우두머리가 된 미나모토노 요리토모(원뇌조 : 源賴朝)가 세이이 다이쇼군(정이대장군 : 征夷大將軍)이라는 호칭을 사용한 이래, 역대 쇼군은 무신정권의 장(長)이라는 개념으로 사용되어 왔는데, 그것은 곧 막부의 주재자(主宰者 : 책임을 지고, 맡는 사람)를 의미하게 되었다.

　무신정권의 쇼군은 가마쿠라 막부 시대의 9대(代)를 비롯하여, 아시카가(족이 : 足利)의 무로마치 막부(실정막부 : 室町幕府) 시대에 15대(같은 인물의 재임을 포함시키면 16대), 도쿠가와(덕천 : 德川)의 에도막부(강호막부 : 江戶幕府) 시대에 15대 등 모두 합쳐 약 700년간 지속되었으나 1867년의 왕정복고 즉, 메이지유신(명치유신 : 明治維新)으로 폐지되었다.

4. 將軍 : 장군
① 군을 통솔, 지휘하는 무관(武官). 군의 우두머리.
② 장관(將官)의 속칭.

將 : 장수 장 / 장차 장

㉠ 将(장)의 본자(本字).

㉡ 문자의 오른쪽 부분은 月(월 : 肉)과 寸(마디 촌)을 합한 모양.

㉢ 옛날에는 肉(고기 육)과 人(사람 인)을 합한 모양으로,

　　또는 肉(고기 육)과 手(손 수)을 합친 모양으로 썼음

　　→ 고기를 손으로 다루는 일을 의미함.

㉣ 음(音)을 나타내는 장(문자의 왼쪽부분)은

　　몸을 의지하는 침대 → 의지(依支)가 되는 것을 나타냄.

㉤ 將(장)은 어린아이의 손을 끌거나,

　　노인의 팔꿈치를 잡거나 하여 걸음을 돕는 일을 의미함.

㉥ 나중에 壯(장 : 씩씩한 남자)과 결부되어,

　　군대가 의지(依支)로 삼는 사람

　　→ 군대를 이끄는 대장의 뜻으로 씀.

将 : 장수 장 / 장차 장

㉠ 將(장)의 속자(俗字).

㉡ 將(장)의 일본식/중국식 간체자(簡體字).

軍 : 군사 군

㉠ 전차(車) 주위를 둘러싸고(冖 : 쌀 포)

　싸운다는 뜻이 합하여 '군사'를 뜻함.

㉡ 軍은 전차 여러 대를 줄로 늘어 놓은 진형(陳形)을 의미했으나

　나중에 보병이 직접 싸우는 전법으로 변하자,

　그 군사의 모임이나 싸움을 軍(군)이라 일컫게 되었음.

---

5. 突破 : 돌파

① 무찔러 깨뜨림. 뚫어 깨뜨림.

② 특히 전투행위에서 적의 부대나 함대를

　정면으로 공격해서 좌우로 갈라지게 함.

③ 어떤 기준에 도달하여 그것을 넘음.

突 : 부딪칠 돌 / 갑자기 돌

㉠ 宊(부딪칠 돌)의 속자(俗字).

㉡ 穴(구멍 혈)과 犬(개 견)로 이뤄짐.

㉢ 개가 구멍에서 뛰어나온다는 뜻.

㉣ 변이(轉)하여 힘차게 내밀다, 갑자기의 뜻.

破 : 깨뜨릴 파

㉠ 뜻을 나타내는 돌 석(石)部와

　음(音)을 나타내는 皮(껍질 피 → 파)로 이루어짐.

㉡ 破(파)는 돌이 부서지다, 나중에 돌뿐이 아니라

　사물이 깨지다, 찢어지다, 찢다의 뜻으로 쓰임.

將						
장수 장						

軍						
군사 군						

將	軍					
장	군					

将						
장수 장						

将	軍					
장	군					

突						
부딪칠 돌						

破						
깨뜨릴 파						

※ 반복연습을 원하시면 깨끗한 상태로 복사해서 사용하세요.

突	破					
돌	파					

宊						
부딪칠 돌						

皮						
껍질 피						

犬						
개 견						

穴						
구멍 혈						

壯						
씩씩할 장						

肉						
고기 육						

※ 반복연습을 원하시면 깨끗한 상태로 복사해서 사용하세요.

6. 德川家康 : 덕천가강

① 도쿠가와 이에야스(德川家康) :

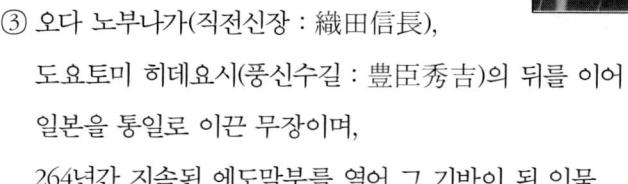

  1543년 1월 31일 ~ 1616년 6월 1일

② 오닌의 난 이후 약 100여 년간 계속된

  전국시대를 종료시킨 무장(武將).

③ 오다 노부나가(직전신장 : 織田信長),

  도요토미 히데요시(풍신수길 : 豊臣秀吉)의 뒤를 이어

  일본을 통일로 이끈 무장이며,

  264년간 지속된 에도막부를 열어 그 기반이 된 인물.

德 : 큰 덕 / 베풀 덕

㉠ 悳(베풀 덕)의 본자(本字).

㉡ 뜻을 나타내는 두인변(彳 : 걷다)部와

  음(音)을 나타내는 悳(큰 덕)으로 이루어짐.

㉢ 悳(덕)은 바로 보다 → 옳게 보는 일,

  두인변(彳 : 걷다)部는 행동을 나타냄.

㉣ 心(심)은 정신적인 사항임을 나타냄.

㉤ 德(덕)은 행실이 바른 일, 남이 보나 스스로 생각하나

  바람직한 상태에 잘 부합하고 있는 일,

  원래 글자는 悳(덕)이었는데 나중에 德(덕)이 대신 쓰여짐.

悳 : 큰 덕 / 베풀 덕

德(덕)의 고자(古字 : 옛날 글자)

川 : 시내 천

양쪽 언덕 사이로 물이 흐르고 있는 모양을 본뜬 글자

→ 시내·강을 뜻함.

家 : 집 가

㉠ 傢(가구 가)의 간체자(簡體字).

㉡ 宋(집 가)과 동자(同字).

㉢ 姑(시어머니 고)와 통자(通字).

㉣ 집(갓머리 : 宀) 안에서 돼지(豕 : 돼지 시)를 기른다는

뜻이 합하여 '집'을 뜻함.

康 : 편안할 강

㉠ 엄호(广 : 집)部와

부수를 제외한 글자 隶(닿을 이)를 합한 모양으로 쓰지만,

본래는 米(쌀 미)와 庚(나이 경)을 합한 모양에서 변한 것이다.

㉡ 庚(경)은 단단히 곡식(穀食)이 익다,

米(미)는 곡식의 낱알 → 껍질을 단단히 뒤집어 쓴 벼를 뜻함.

㉢ 또 알맹이를 穀(곡식 곡)이라 하는데 대하여,

벼나 겨를 康(편안할 강)이라 하고 糠(쌀겨 강)으로도 씀.

7. 最高 : 최고

① 가장 높음.

② 제일(第一)임.

最 : 가장 최

㉠ 曰(왈 : 말하다, 덮치다)과 取(취 : 가지다, 취하다)의 합자.

㉡ 덮쳐 취하다 → 모두 취하다 → 모두

　→ 모든 것 중에서 가장 뛰어난 것.

高 : 높을 고

㉠ 髙(높을 고)의 본자(本字).

㉡ 성의 망루(望樓)의 모양. 높은 건물(建物)의 뜻.

㉢ 후에 단순히 높음의 뜻이 됨.

髙 : 높을 고

　高(고)의 속자(俗字).

德						
베풀 덕						
川						
시내 천						
家						
집 가						
康						
편안할 강						
德	川	家	康			
덕	천	가	강			
悳						
베풀 덕						

※ 반복연습을 원하시면 깨끗한 상태로 복사해서 사용하세요.

最						
가장 최						

高						
높을 고						

最	高					
최	고					

高						
높을 고						

傢						
가구 가						

宊						
집 가						

姑						
시어머니 고						

※ 반복연습을 원하시면 깨끗한 상태로 복사해서 사용하세요.

소설 '대망(大望)'에서

사람의 일생은 무거운 짐을 지고
먼 길을 가는 것과 같다.

서두르지 말지어다.
부자유를 일상사로 생각하면,
그리 부족한 것은 없는 법.

마음에 욕망이 샘솟거든 곤궁할 때를 생각할지어다.
참고 견딤은 無事長久(무사장구)의 근원이요,
노여움은 적이라 생각하라.

이기는 것만을 알고
지는 일을 모르면,
해(害)가 그 몸에 미치는 법.

미치지 못하는 것이
지나친 것보다 나으리라.

- 야마오카 소하치의 소설 '대망'에서 발췌

*無事長久(무사장구) : 무사하게 오랫동안 지냄.

1. 不可能 : 불가능

① 할 수 없거나, 또는 그러한 것.

② 될 수 없거나, 또는 그러한 것.

不 : 아닐 불, 아닐 부

㉠ 꽃에 있는 씨방의 모양.

㉡ 씨방이란 암술 밑의 불룩한 곳으로 과실(果實)이 되는 부분.

㉢ 나중에 '…하지 않다, …은 아니다'란 말을 나타내게 되었음.

㉣ 그 때문에 새가 날아 올라가서 내려오지 않음을

　　본뜬 글자라고 설명하게 되었음.

可 : 옳을 가

㉠ 막혔던 말이(口 : 입 구) 튀어나온다는 데서 '옳다', '허락하다'를 뜻함.

㉡ 나중에 呵(가 : 꾸짖다), 訶(가 : 꾸짖다),

  哥(가 : 노래), 歌(가 : 노래) 등의 글자가 이루어지는

  근본(根本)이 됨.

㉢ 또 나아가 힘이 많이 드는 것도 나갈 수 있다 → 되다

  → 그래도 좋다 → 옳다를 뜻함.

能 : 능할 능

㉠ 㲄(능할 능)의 본자(本字).

㉡ 곰(문자의 왼쪽 부분)과

  짐승의 발바닥(문자의 오른쪽 부분)의 모습을 뜻하는 글자로

  곰의 재능이 다양하다는 데서 '능하다'를 뜻함.

㉢ 月(월 → 肉)은 살,

  厶(마늘 모 : 나, 사사롭다, 마늘 모양)部는

  큰 머리의 모양에서 변한 것.

㉣ 머리가 큰 곰 같은 동물의 모습.

㉤ 이 동물(動物)은 힘이 세고, 고기 맛이 좋기 때문에

  이 글자를 빌어 사람의 일이 충분히 된다는 뜻으로도 쓰고,

  나중에 곰을 나타내기 위하여는

  熊(곰 웅)이란 글자를 따로 만들었음.

2. 極秘 : 극비

① 극비밀리(極祕密裡)의 준말.

② 다른 사람들에게는 전혀 알려지지 않은 가운데.

極 : 극진할 극 / 다할 극

용마루(지붕 가운데 부분에 있는 가장 높은 수평마루)의

뜻을 나타내는 나무 목(木 : 나무)部와

음(音)을 나타내는 부수를 제외한 글자

亟(빠를 극 : 위아래가 막힌 곳에서

말〈口 : 입 구〉와 손〈又 : 또 우〉으로 빨리 하라고 지시함)의

뜻이 합하여 지극히 높다는 데서 '지극하다'를 뜻함.

秘 : 숨길 비

㉠ 祕(숨길 비)의 속자(俗字).

㉡ 뜻을 나타내는 벼 화(禾 : 곡식)部와

음(音)을 나타내는 必(반드시 필 → 비)의

변이된 음이 합하여 이루어짐.

㉢ 음(音)을 나타내는 必(필 → 비)은

경계(境界)를 뚜렷하게 하는 일.

㉣ 원래 글자의 부수 示(보일 시)는

신과 관계(關係)가 있음을 나타냄.

㉤ 원래 글자 비(示 + 必)는

신을 사당 속 깊숙이 모시다 → 신

→ 신과 같이 신비한 일을 의미함.

不					
아닐 불					

可					
옳을 가					

能					
능할 능					

不	可	能			
불	가	능			

極					
다할 극					

秘					
숨길 비					

極	秘				
극	비				

※ 반복연습을 원하시면 깨끗한 상태로 복사해서 사용하세요.

祕						
숨길 비						
禾						
벼 화						
必						
반드시 필						
示						
보일 시						
亟						
빠를 극						
䏻						
능할 능						
厶						
마늘 모						

※ 반복연습을 원하시면 깨끗한 상태로 복사해서 사용하세요.

3. 特命 : 특명
① 특별(特別)한 명령(命令)
② 특별(特別)히 임명(任命)함. 또는 그 임명(任命).
③ 특별(特別) 명령(命令)

特 : 특별할 특

옛날 관청(寺)에서 중대한 일을 결정할 때는

보통 것보다 크고 힘센 소(牛)를 신의 제단에 바쳤는데,

그런 특별한 소라는 데서 '특별하다'을 뜻함.

命 : 목숨 명

㉠ 입 구(口 : 입, 먹다, 말하다)部와 명령할 령(令)의 합자.

㉡ 입(口)으로 뜻을 전한다는 뜻으로,

곧 임금이 명령을 내려 백성을 부린다는 뜻으로 쓰임.

4. 萬能 : 만능
① 온갖 것에 다 능통함.
② 온갖 일을 다할 수 있음.

萬 : 일만 만

㉠ 万(일만 만)의 본자(本字).

㉡ 가위나 꼬리를 번쩍 든 전갈의 모양을 본뜬 글자로

　전갈이 알을 많이 낳는다고 하여 '10,000'을 뜻함.

万 : 일만 만

㉠ 萬(만)의 속자(俗字).

㉡ 萬(만)의 중국식 간체자(簡體字).

㉢ 万(만)은 부평초(물위에 떠 있는 풀)의 모양을 본뜬 것.

㉣ 음을 빌어 數詞(수사)에서 萬(만)의 속자로 쓰어졌음.

能 : 능할 능

㉠ 䏻(능할 능)의 본자(本字).

㉡ 곰(문자의 왼쪽 부분)과

　짐승의 발바닥(문자의 오른쪽 부분)의 모습을 뜻하는 글자로

　곰의 재능이 다양하다는 데서 '능하다'를 뜻함.

㉢ 月(월 → 肉)은 살,

　厶(마늘 모 : 나, 사사롭다, 마늘 모양)部는

　큰 머리의 모양에서 변한 것.

㉣ 머리가 큰 곰 같은 동물의 모습.

㉤ 이 동물(動物)은 힘이 세고, 고기 맛이 좋기 때문에

　이 글자를 빌어 사람의 일이 충분히 된다는 뜻으로도 쓰고,

　나중에 곰을 나타내기 위하여는

　熊(곰 웅)이란 글자를 따로 만들었음.

特						
특별할 특						
命						
목숨 명						
特	命					
특	명					
萬						
일만 만						
能						
능할 능						
萬	能					
만	능					
万						
일만 만						

※ 반복연습을 원하시면 깨끗한 상태로 복사해서 사용하세요.

能						
능할 능						

熊						
곰 웅						

令						
명령할 령						

任						
맡길 임						

牛						
소 우						

詞						
문장 사						

肉						
고기 육						

※ 반복연습을 원하시면 깨끗한 상태로 복사해서 사용하세요.

한자(漢字)의 정체성(正體性)

　한자가 도대체 우리말인가, 외국어(外國語)인가, 아니면 외래어(外來語)인가? 한자는 분명히 우리말의 뿌리이자 역사이므로, 서자(庶子) 취급하며 무시할 수는 없다고 생각한다. 오히려 지금부터라도 한자 교육을 전향적(轉向的)으로 추진해야 할 것이다. 한자가 정말 중국의 고유(固有)언어인지는 아무도 모른다.

　또한 같은 한자를 공유(共有)하며 중국어로, 한국어로, 일본어로 표시되니, 한중일(韓中日) 3국의 문화적 공감대 형성에도 그리 나쁘지 않으며, 한자를 사용한다 하여 세종대왕의 훈민정음(訓民正音) 창제 취지에 완전(完全) 역행(逆行)하는 것도 아닐 것이다.

　왜냐하면 과거 역사를 알려면 반드시 한자를 알아야 하고, 한자를 통해 후손(後孫)들도 조상의 숨결을 느낄 수 있으니까 말이다.

　한글이 창제(創製)되기까지는 한자만을 사용했는데, 그 역사가 수천년에 이른다. 한자는 뜻글자(訓 : 훈)이고, 한글은 소리글자(音 : 음)이다. 뜻글자와 소리글자를 동시에 완벽하게 보유한 나라는 우리나라 밖에 없다. 우리말은 세상의 어떤 소리도 표현(表現)해 낼 수 있으며, 어떤 뜻도 담아낼 수 있다.

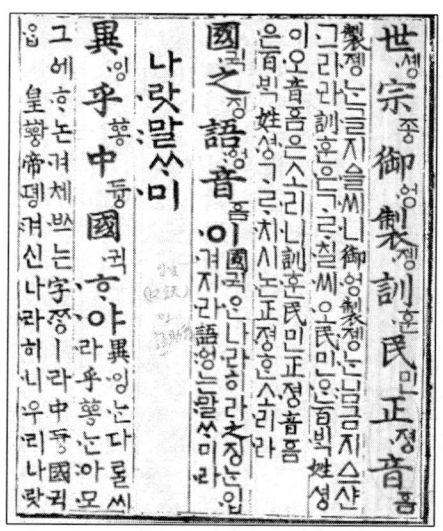

▲ 세종대왕에 의해 창제(創製)된 '훈민정음'의 모습

2000년대 이전 세대들은 모두 한자세대일 것이다. 초등학교(국민학교), 중고등학교, 대학교까지 한자를 배웠으며, 직장생활 하면서도 한자를 계속 배우며 사용해 왔다.

그런데 최근 10년간은 한자 말살(抹殺)정책으로 그 설 자리를 잃어가다가, 한자관련 어린이용 만화 〈마법 천자문〉과 같은 서적때문에 한자에 관심을 갖는 아이들이 늘었다니, 정말 아이러니가 아닐 수 없다.

일본을 보라. 일본어에도 한자가 상당한 비중을 차지하는데, 일본인들이 한자는 일본어(日本語)가 아니라고 배척하는 걸 본 적이 없다.

오히려 수차례에 걸친 무력침략과 종전(終戰)후의 문화침략으로 오히려 일본식(日本式) 한자가 중국과 우리나라에 슬그머니 뿌리내리고 있는 실정이다.

신문한자 영화광고

5. 時限 : 시한

기한(期限)이 정해진 시각(時刻).

時 : 때 시

㉠ 뜻을 나타내는 날 일(日 : 해)部와

음(音)을 나타내는 寺(관청 시)로 이루어짐.

㉡ 태양(日)이 일정(一定)한 규칙에 의해 돌아간다는

뜻이 합하여 '때'를 뜻함.

㉢ 나중에 날 일(日)部와 寺(시)는 之(갈 지)로부터 생긴 글자이고,

음도 뜻도 거의 같으며, 일이 진행됨을 나타냄.

限 : 한정할 한 / 경계를 정할 한

뜻을 나타내는 좌부변(阝 : 언덕 부)部와

음(音)을 나타내는 艮(머무를 간 : 가만히 눈여겨보다

→ 머무르다 → 한)으로 이루어짐.

6. 開始 : 개시

처음으로 시작(始作)함.

開 : 열 개

㉠ 문 문(門 : 두 짝의 문, 문중·일가)部와

開(평평할 견)이 합하여 이루어짐.

㉡ 開(견)은 두 개의 물건이 평평하게 늘어선 것을 말함.

㉢ 따라서 두 손으로 빗장을 들어 올려

양쪽 문짝을 여는 것의 뜻으로 쓰임.

始 : 비로소 시 / 시작할 시

㉠ 뜻을 나타내는 계집 녀(女)部와

음(音)을 나타내는 台(태, 이 → 시)가 합하여 이루어짐.

㉡ 음(音)을 나타내는 台(별 태, 자기 이 → 시)와

여자(女)의 뱃속에 아기가 생기는 일이 시초라는 데서

'비로소' '처음'을 뜻함.

㉢ 始(시)는 어머니 뱃속에 아이가 생기는 일, 또 한 집안의 시초

→ 시조(始祖), 나중에 사물의 시작이란 뜻으로도 씀.

時						
때 시						

限						
한정할 한						

時	限					
시	한					

開						
열 개						

始						
시작할 시						

開	始					
개	시					

开						
평평할 견						

※ 반복연습을 원하시면 깨끗한 상태로 복사해서 사용하세요.

之						
갈 지						

台						
별 태						

寺						
관청 시						

門						
문 문						

艮						
머무를 간						

阝						
언덕 부						

刻						
새길 각						

※ 반복연습을 원하시면 깨끗한 상태로 복사해서 사용하세요.

塞友康(새우강)
멀리 있는 벗의 편안함을 바라며…

遜理佳寮 損耳佳 塞友强愛 浪儸價料
손이가요 손이가 새우강애 손이가요 ♬
겸손을 다스려 거짓함을 자제하니, 아름다운 것만 가려서 듣도다.
멀리에 있는 벗을 변함없이 사랑하니, 값진 것을 얻을 때도 벗에게 주고 싶다.

阿李遜 蘗愍遜 自求滿 孫利加
아이손 얼은손 자구만 손이가 ♪
언덕에 오얏나무 변함 없으니 자신의 처지만을 한탄하지 말고,
스스로 만족함을 깨쳐 후손에게 이로움을 주리오.

語對書娜 塞友康 焉災遜止 塞友康
어대서나 새우강 언재둔지 새 우 강 ♬
물음과 답을 아름다운 글로 멀리 있는 벗의 편안함을 바라니….
비록 멀리 떨어져 있다고 하나, 어찌 그대에게 재앙이 오리오.

雨儸逗儸 櫛居要 農心塞友康
우리두리 즐거요 농심새우강 ♪♪
비가 와 근심이 머무른다 하여도 삶이란 다스림이 중요한 것이니,
농부의 마음으로 멀리 있는 벗의 편안함을 바라도다.

7. 行動 : 행동

① 동작(動作)을 하여 행하는 일.

② 반사적, 본능적인 동작이나

　　반응, 자극에 대한 근육 반응이나

　　내분비(內分泌)샘의 작용 상태.

行 : 다닐 행 / 항렬 항

㉠ 彳(조금 걸을 척 : 왼발의 걷는 모양)과

　　亍(자축거릴 촉 : 오른발의 걷는 모양)의 합자.

㉡ 좌우의 발을 차례로 옮겨 걷는다의 뜻을 나타냄.

㉢ 또는 네거리 → 굽어가지 않고 바로 가는 일,

　　나중에 가다 → 하다란 뜻과

　　항렬(行列) → 같은 또래란 뜻의

　　두 가지로 나누어짐.

※ 자축거리다 : 다리에 힘이 없어, 가볍게 다리를 절며 걷다.

動 : 움직일 동

　　뜻을 나타내는 힘 력(力 : 팔의 모양 → 힘써 일을 하다)部와

　　음(音)을 나타내는

　　무거울 중(重 : 물건을 들어 올리거나 움직이거나 할 때의 반응

　　→ 무게 → 동)이 합하여 '움직이다'를 뜻함.

8. 原爆 : 원폭

원자폭탄(原子爆彈)의 줄임말.

原 : 언덕 원 / 근원 원

㉠ 原(언덕 원/근원 원)이 본자(本字).

㉡ 기슭 엄(厂 : 굴바위, 언덕)部와

　　泉(샘 천 : 물의 근원)의 합자(合字).

㉢ 계곡의 맑은 물이 흘러나오는 水原(수원)의 뜻.

㉣ 나중에 들판의 뜻으로 쓰이게 되자,

　　수원의 뜻으로는 源(근원 원)이란 글자가 따로 만들어졌음.

爆 : 불 터질 폭 / 폭발할 폭

㉠ 뜻을 나타내는 불 화(火〈=灬〉: 불꽃)部

㉡ 음(音)을 나타내는 동시에

　　'찢어지다, 터지다'의 뜻을 나타내기 위한

　　暴(사나울 폭)으로 이루어짐.

㉢ 불에 의해서 물건이 찢어지는 소리를 뜻함.

行						
다닐 행						

動						
움직일 동						

行	動					
행	동					

原						
근원 원						

爆						
폭발할 폭						

原	爆					
원	폭					

重						
무거울 중						

※ 반복연습을 원하시면 깨끗한 상태로 복사해서 사용하세요.

原						
근원 원						

暴						
사나울 폭						

源						
근원 원						

泉						
샘 천						

彳						
조금걸을 척						

亍						
자축거릴 촉						

厂						
기슭 엄						

※ 반복연습을 원하시면 깨끗한 상태로 복사해서 사용하세요.

국가(國家)의 기념일(紀念日)

국경일(國慶日)

국가적으로 경축하는 날.

우리나라에서는 국경일에 관한 법률에 따라 3·1절, 제헌절, 광복절, 개천절을 국경일로 정하고, 매년 이 날들을 공휴일로 하여 국가에서 기념식을 베풀어 경축한다.

조선시대에는 개념은 다르지만,《경국대전》에 따르면 원단, 동지, 성절, 천추절, 왕과 왕비의 탄신일에는 조하(朝賀)라 하는 국가주최의 축하식전을 가지고 궁중에서 잔치를 베풀며, 지방의 관원들도 의식을 행하고, 서면으로 진하(陳賀)를 하도록 규정하고 있다.

기념일(記念日)

1973년 3월에 시행된 '각종 기념일 등에 관한 규정'에 따라, 정부가 제정/주관하는 기념일.

기념일에는 기념행사를 통하여 당해 기념일의 의의를 높이고 새로운 발전/성숙을 모색하게 되는데, 기념일의 의식과 부수 행사의 절차/규모와 기타 필요한 사항에 관하여는 그 주관기관의 장이 미리 총무처(總務處) 장관과 협의하여 실시한다.

이 법의 시행으로, 종래 53종의 기념일이 33종으로 되었다. 5월과 10월에 각종 기념일이 많은 까닭은 봄과 가을의 절정(絶頂)으로 계절의 아름다움과 무관(無關)하지 않다.

대표적인 국경일 및 국가 기념일

공휴일(公休日)로 지정되었거나, 태극기를 게양해야 하는 날은 다음과 같다.

新正(1월 1일) - 하루 공휴일이며, 태극기를 게양한다. 새로운 한 해를 시작하는 뜻깊은 날이다.

三一節(3월 1일) - 1919년 3월 1일 독립만세운동이 일어난 날을 기념하는 날. 국경일로 공휴일이면서, 태극기를 게양(揭揚)한다.

植木日(4월 5일) - 온나라, 온국민이 나무 심기를 하는 날. 마침 청명(淸明), 한식(寒食)과 겹쳐 성묘(省墓)를 많이 간다. 몇 년전에 공휴일에서 배제되었다.

釋誕節(釋迦誕辰日, 음 4월 8일) - 불교의 교조(敎祖) 석가모니(釋迦牟尼, Sakyamuni)가 中인도 히말라야 남쪽기슭 가비라성에서 성주(城主) 정반왕과 왕비 마야의 태자(太子)로 BC 623년 룸비니 동산 무우수(無憂樹) 아래에서 태어난 날을 기념하는 날. 이날은 공휴일(公休日)로써 불교신자들을 중심으로 연등행사가 치루어진다.

어린이날(5월 5일) - 미래(未來)의 우리사회 주인공인 어린이를 사랑하자는 취지(趣旨)에서 제정된 공휴일. 국기는 게양하지 않는다.

顯忠日(6월 6일) - 나라를 지키다 희생하신 순국선열(殉國先烈) 및 호국영령(護國英靈)의 넋과 그 가족을 위로하는 날로 공휴일로 지정되었으며, 태극기는 조기(弔旗)로 게양한다.

制憲節(7월 17일) - 1948년 일제에서 해방되어, 명실공히 주권(主權)국가를 건설하는 데 초석(礎石)이 되는 헌법(憲法)을 제정하는 날을 기념하는 날. 국경일로 공휴일이면서, 태극기를 게양한다.

光復節(8월 15일) - 1945년 8월 15일, 일본(日本)이 망하면서 얻게된 조국의 해방(解放)을 경축하는 날. 국경일로 공휴일이면서, 태극기를 게양한다.

국군의 날(10월 1일) - 한국 국군의 발전(發展)을 기념하는 날. 1950년 10월 1일 3사단 23연대 병사들이 강원 양양지역에서 최초로 38선을 넘어 북진(北進)한 것을 기념하여 제정되었다. 근래에 와서는 10월 1일 국군의 날부터 10월 9일 한글날까지는 온나라 온국민이 나라 사랑하는 마음을 높이고자 태극기를 계속 게양하고 있다. 공휴일은 아니다.

開天節(10월 3일) - 상원 갑자년(서력〈西曆〉 기원전 2457년) 시월 삼일. 무진(戊辰)년(기원전 2333년) 시월 삼일에 국조(國祖) 단군(檀君)이 건국한 날을 기념하는 날. 국경일로 공휴일이면서, 태극기를 게양한다.

한글날(10월 9일) - 세종대왕(世宗大王)의 한글 반포(頒布)를 기념하고, 한글의 우수성을 선양하며 세종의 성덕(聖德)과 그 위업(偉業)을 추모하며, 나아가 한글의 연구/보급을 장려하기 위하여 정한 날. 태극기(太極旗)를 게양하나, 공휴일은 아니다. 그러나 최근에 들어와서 다시 한글의 우수성을 드높이기 위해, 공휴일로 지정하자는 목소리가 높다.

聖誕節(12월 25일) - 예수 그리스도의 탄생(誕生)을 축하하는 기독교의 기념일. 기독(基督)탄신일, 예수 성탄(聖誕)대축일, 크리스마스 등으로 불린다. 공휴일로 지정되어 있으나, 국기는 게양하지 않는다.

1. 武俠 : 무협

① 무술이 뛰어난 협객(俠客)을 뜻함.

② 문화적인 측면에서 보자면, 소설/만화/영화/게임 등에서

    중국을 비롯한 동양 판타지를 소재로 한 장르를 일컫는 말.

③ 서양 판타지가 신화와 영웅의 서사에

    판타지적인 대상물의 등장과 활약

    혹은 대립을 주요한 테마로 하는 것에 반하여,

    동양 판타지로서의 무협은

    영웅이 탄생하기까지의 수련의 과정을 통해

    내외공을 성장시키는 것이 주요한 테마로 등장한다.

武 : 무술 무 / 무기 무

㉠ 戈(창 과)와 止(그만둘 지)의 합자(合字).

㉡ 창(戈)과 같은 무기로 병란(兵亂)을 막아,

    그치게(止) 한다는 뜻이 합하여

    호반(虎班 : 무관의 계열), 굳세다를 뜻함.

俠 : 의기로울 협

㉠ 侠(의기로울 협, 일본식/중국식 간체자)의 본자(本字).

㉡ 뜻을 나타내는 사람 인변(亻〈=人〉: 사람)部와

    음(音)을 나타내는 동시에

자기의 힘을 믿는 뜻(挾 : 끼어넣을 협)을 가지는

夾(끼어넣을 협)으로 이루어지며

협기(俠氣 : 호방하고 의협심이 강한 기상)의 뜻.

---

2. 雌雄 : 자웅

① 암컷과 수컷.

② 강약(强弱), 승부(勝負), 우열(優劣)을 비유하는 말.

雌 : 암컷 자

㉠ 뜻을 나타내는 새 추(隹 : 뻐꾸기, 산비둘기)部와

음(音)을 나타내는 동시에 부부(夫婦)가 된다는 뜻을 가진

此(여기 차 → 자)로 이루어짐.

㉡ 따라가는 새, 암컷 새, 변이(轉)하여 암컷을 뜻함.

雄 : 수컷 웅

㉠ 뜻을 나타내는 새 추(隹)部와

음(音)을 나타내는 부수를 제외한 글자

厷(팔뚝 굉/클 굉)의 변이된 음(轉音)이 합하여 이루어짐.

㉡ 강한 수컷새(隹)의 뜻이 합하여 '수컷'을 뜻함.

㉢ 새의 수컷, 그것으로부터 굳세다, 용감하다는 뜻으로 되었음.

武						
무술 무						

俠						
의기로울 협						

武	俠					
무	협					

雌						
암컷 자						

雄						
수컷 웅						

雌	雄					
자	웅					

戈						
창 과						

※ 반복연습을 원하시면 깨끗한 상태로 복사해서 사용하세요.

止						
그만둘 지						

隹						
새 추						

玄						
팔뚝 굉						

挾						
끼어넣을 협						

此						
여기 차						

俠						
의기로울 협						

班						
차례 반						

※ 반복연습을 원하시면 깨끗한 상태로 복사해서 사용하세요.

3. 密使 : 밀사

① 남몰래 보내는 사자, 밀명을 받고 파견되는 사자(使者).

② 스파이를 포함할 경우가 있지만,

　보통은 권력주체(權力主體)가 정치적 거래나 그 타진 등

　권력객체에 대한 위신을 손상할 우려가 있는 행동을 할 때,

　또는 다수파 공작(工作) 등 적에게 감지되면 불리하게 되는

　행동을 취할 때에 비밀리에 의사전달을 하는 사람을 말한다.

密 : 빽빽할 밀 / 은밀할 밀

㉠ 뜻을 나타내는 갓머리(宀 : 집, 집안)部와

　음(音)을 나타내는 부수(部首)를 제외한 글자

　(밀)이 합하여 이루어짐.

㉡ 부수(部首)를 제외한 글자 (밀)은

　신전(神殿)의 속 깊숙한 곳에 은밀히 신이 모셔져 있는 모양,

　신을 모신 집과 같이 깊숙하게 나무가 무성(茂盛)한 산,

　나중에 은밀하다, 자상하게 널리 미치다의 뜻이 됨.

使 : 벼슬 이름 사 / 부릴 사

㉠ 뜻을 나타내는 사람 인변(亻〈=人〉: 사람)部와

　음(音)을 나타내는 吏(관리 리 → 사)가 합하여 이루어짐.

ⓛ 음(音)을 나타내는 吏(관리 리 → 사 :

오로지 공평하게 공적인 일을 기록하는 사람)와

윗 사람(人)이 아랫 관리(官吏)에게 일을 시킨다는 데서

'부리다'를 뜻함.

---

4. 螳螂 : 당랑

① 사마귀

② '사마귀' 또는 '버마재비'는 사마귀목 육식곤충의 총칭.

③ 한국에는 왕 사마귀, 좀 사마귀, 항라 사마귀(유리날개 사마귀)

등이 있는데, 이중 항라 사마귀는 희귀종이다.

앞다리는 먹잇감을 도망가지 못하도록 붙잡기에 알맞도록,

낫 모양으로 가시가 많다.

다른 곤충이나, 심지어 작은 도마뱀까지 잡아먹는다.

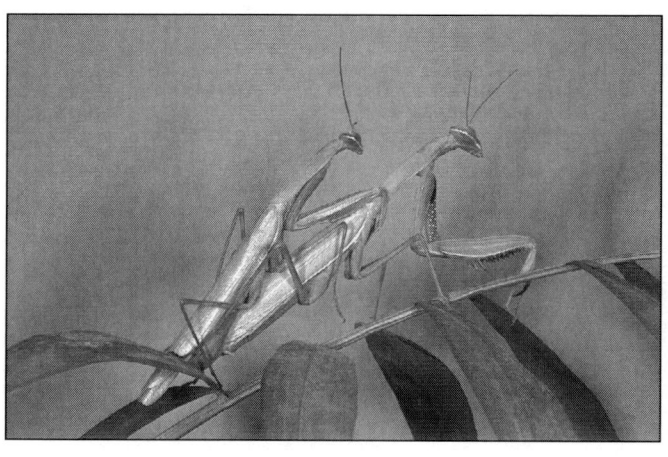

螳 : 버마재비 당 / 사마귀 당

> 뜻을 나타내는 벌레 충(虫 : 뱀이 웅크린 모양, 벌레)部와
> 음(音)을 나타내는 堂(집 당/마루 당)이 합하여 이루어짐.

螂 : 사마귀 랑(낭)

㉠ 蜋(사마귀 랑)과 동자(同字).

㉡ 뜻을 나타내는 벌레 충(虫 : 뱀이 웅크린 모양, 벌레)部와
음(音)을 나타내는 郎(사내 랑/남편 랑)이 합하여 이루어짐.

密						
은밀할 밀						

使						
부릴 사						

密	使					
밀	사					

螳						
사마귀 당						

螂						
사마귀 랑						

螳	螂					
당	랑					

蜋						
사마귀 랑						

※ 반복연습을 원하시면 깨끗한 상태로 복사해서 사용하세요.

虫						
벌레 충						

堂						
집 당						

郎						
사내 랑						

吏						
관리 리						

茂						
우거질 무						

盛						
왕성할 성						

殿						
큰집 전						

※ 반복연습을 원하시면 깨끗한 상태로 복사해서 사용하세요.

한자로 숫자표기
(계약서에 위조방지 목적으로 사용하는 한자)

한자로 숫자쓰기는 간단한 것 같지만, 은근히 헷갈리는 경우가 많다. 계약서 작성시나 공문서 작성시에 필요한 한자로, 예전에 잘 외웠다고 해도 오랜만에 한자로 쓰려면 기억이 가물가물해지는 경우가 많다.

표기법

0	1	2	3	4	5	6	7	8	9	10					일반숫자
영	일	이	삼	사	오	육	칠	팔	구	십	백	천	만	억	한글숫자
零	一	二	三	四	五	六	七	八	九	十	白	千	萬	億	한자숫자
	壹	貳	參	肆	伍	陸	柒	捌	玖	拾(什)	佰	仟(阡)	万		갖은자
金(금) / 원 / 整(정)															

① 1, 2, 3의 숫자는 위조의 위험이 있기 때문에 '갖은자'로 쓴다.
② '원'을 표기할 때, 한자로 쓰지 않는다.
③ 앞에 금(金), 뒤에 정(整)을 붙여주는 이유는 혹시 빈 공간에 숫자를 더 기입하는 위조를 방지하기 위함이다.
④ 표기 예)
　숫자 : 421,586,973원
　한글 : 사억 이천 백 오십 팔만 육천 구백 칠십 삼원 정
　한자 : 四億 貳仟 佰 伍拾 八萬 六千 九百 七十 參원 整

한자숫자(漢字數字)

　한어(漢語) 계통의 수사(數詞)를 가리키는 말로, 한국에서는 一(일), 壹(일), 二(이), 貳(이), 三(삼), 參(삼), 四(사), 五(오), 伍(오), 六(육), 七(칠), 八(팔), 九(구), 十(십), 拾(십), 百(백), 佰(백), 千(천), 仟(천), 阡(천), 萬(만), 万(만), 億(억), 兆(조) 등이 주로 쓰인다.

　이밖에 京(경 : 10^{16}), 垓(해 : 10^{20}), 秭(자 : 10^{24}), 穰(양 : 10^{28}), 溝(구 : 10^{32}), 澗(간 : 10^{36}), 正(정 : 10^{40}), 載(재 : 10^{44}), 極(극 : 10^{48}), 恒河沙(항하사 : 10^{52}), 阿僧祇(아승기 : 10^{56}), 那由他(나유타 : 10^{60}), 不可思議(불가사의 : 10^{64}), 無量大數(무량대수 : 10^{68})가 있다.

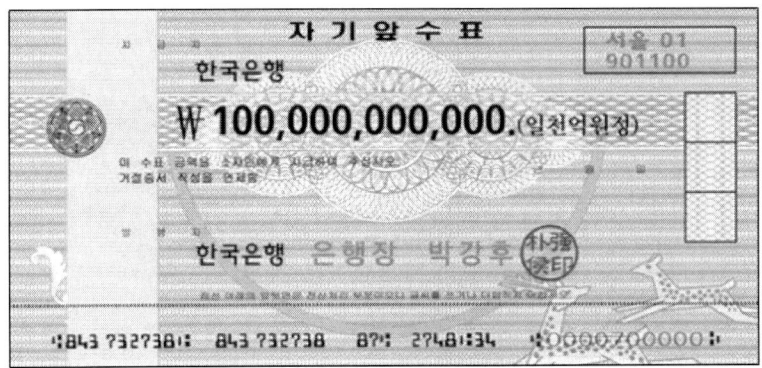

※ 갖은자

보통 쓰는 한자(漢字)보다 획수를 더 많이 하여, 모양과 구성이 전혀 다르게 된 한자를 말한다.

다음과 같이 '一, 二, 三, 四, 五, 十'을 '壹, 貳, 參, 肆, 伍, 拾'으로 원래의 한자보다 획을 많이 하여 쓰는 한자들을 말한다.

5. 決戰場 : 결전장

결판(決判)을 내는 싸움터. 승부를 결정짓는 싸움터.

決 : 결단할 결

㉠ 決(결단할 결)의 본자(本字).

㉡ 음(音)을 나타내는 부수(部首)를 제외한 글자

夬(터놓을 쾌/결정할 결 : 손으로 무언가를 하는 모양)과

물꼬(水)가 잘 트이도록 결단하여 정하였다는 데서 '정하다'를 뜻함.

㉢ 부수(部首)를 제외한 글자 夬(결)은 '쾌' 또는 '결'이라 읽고,

손에 무언가를 가진 모양, 무엇인가 속에 박힌 것을 도려내는 일인 듯함.

나중에 抉(도려낼 결)로 씀.

㉣ 삼수변(氵〈=水, 氷〉: 물)部, 決(결단할 결)은 둑의 일부가 끊어지는 일,

질그릇이 깨어졌다는 缺(찌그러질 결/없어질 결),

마음이 상쾌하다는 快(시원할 쾌) 따위와 같이

부수(部首)를 제외한 글자 夬(결)이 붙는 글자는

일부분이 끊어지다의 뜻이 공통됨.

戰 : 싸움 전

뜻을 나타내는 창 과(戈 : 창, 무기)部와

음(音)을 나타내는 單(단 : 식구들을 위해 밭에서

홀로 열심히 일함 → 전)이 합하여 '전쟁(戰爭)'을 뜻함.

戰 : 싸움 전

㉠ 戰(싸움 전)과 동자(同字), 일본식 간체자.

㉡ 중국식 간체자(战 : 싸움 전)는 완전히 다른 모양임.

場 : 마당 장

㉠ 뜻을 나타내는 흙 토(土)部와

　　음(音)을 나타내는 부수(部首)를 제외한 글자

　　昜(태양 양 → 장)이 합하여 이루어짐.

㉡ 場(마당 장)은 땅에서 해가 솟아오르다 → 오르다 → 밝다,

　　흙을 쌓아 높이고 위를 평평하게 하여 신을 모시는 곳

　　→ 제단(祭壇), 나중에 그러한 넓은 마당 → 장소(場所)의 뜻으로 씀.

<><><><><><><><><><><><><><><><><><><><><><><><><><><><><><><>

6. 東南亞 : 동남아

① 아시아의 남동부 지역.

② 인도차이나 반도와 그 남동쪽에 분포하는 말레이 제도로
　　구성되며, 베트남/라오스/캄보디아/타이/미얀마(버어마)/
　　말레이시아/싱가포르/인도네시아/필리핀/브루나이 등이
　　포함된다.

③ 동남 아시아의 범위에는 인도 반도와 한국/중국/일본까지
　　포함하는 일이 있었으나, 오늘날에는 각각 남부 아시아와
　　동부 아시아로 분리하는 것이 일반적인 경향이다.

東 : 동쪽 동

㉠ 東(동)의 옛 모양은 자루에 물건(物件)을 채워, 아래 위를 묶은 것임.

㉡ 나중에 방향(方向)의 東(동)으로 삼은 것은

해가 떠오르는 쪽의 방향(方向)이 동이므로 같은 음의 말을 빌린 것.

㉢ 옛 사람은 東(동)은 動(동 : 움직이다)과 같은 음이며,

動(동)은 봄에 만물(萬物)이 움직이기 시작하고,

春(춘 : 봄)은 동녘과 관계가 깊다고 결부시켰던 것임.

南 : 남쪽 남

울타리를 치고, 많은 양을 기르는 곳이

남쪽 지방이었기 때문에 '남쪽'을 나타냄.

亞 : 버금 아 / 다음가는 아

㉠ 亜(버금 아)의 본자(本字).

㉡ 고대(古代)의 혈거주택(穴居住宅 :

흙이나 바위의 굴로 만든 집)의 모양에서 비롯된 글자.

㉢ 본래는 '굴곡되다(屈曲되다)'의 뜻이었지만,

지금은 (아)의 음을 옮기는 데 쓰임.

◀ 이태리의 혈거지역 '마테라'
('패션 오브 크라이스트'의 배경)

決						
결단할 결						

戰						
싸움 전						

場						
마당 장						

決	戰	場				
결	전	장				

戰						
싸움 전						

決	戰	場				
결	전	장				

東						
동쪽 동						

※ 반복연습을 원하시면 깨끗한 상태로 복사해서 사용하세요.

南						
남쪽 남						

亞						
버금 아						

東	南	亞				
동	남	아				

亜						
버금 아						

東	南	亜				
동	남	아				

決						
결단할 결						

夬						
결정할 결						

※ 반복연습을 원하시면 깨끗한 상태로 복사해서 사용하세요.

1. 野望 : 야망

크게 무엇을 이루어 보겠다는 희망(希望).

野 : 들판 야

㉠ 뜻을 나타내는 마을 리(里)部와

음(音)을 나타내는 予(줄 여 → 야)가 합하여 이루어짐.

㉡ 予(여 → 야)는 물건과 물건을 강제로 떼어놓는 일이나

침착하여 초조하지 않음을 나타냄.

㉢ 里(마을 리)는 사람이 사는 곳,

野(들판 야)는 마을에서 떨어진 곳, 넓고 넓은 곳을 나타냄.

㉣ 도시(都市)의 언저리를 郊(야외 교)라고 하고,

郊(교)의 언저리를 野(야)라 함.

㉤ 옛 글자체는 숲(林 : 수풀 림)과 흙(土 : 흙 토)을 합한

글자(埜 : 들판 야)이며, 나무가 난 곳을 나타냄.

望 : 바랄 망 / 보름(15일) 망

㉠ 朢(쳐다볼 망)과 통자(通字).

㉡ 기지개를 켠 사람 위에 강조한 눈의 모양을 본떠

멀리 바라보다의 뜻을 나타냄.

ⓒ 亡(망할 망 : 망하다 → 내려다 보는 일)과

  壬(북방 임 : 크다, 성대하다 → 바로 자라는 일)로

  이루어진 글자 망(亡+壬)은

  높은 곳에서 훨씬 낮고 먼 곳을 바로 바라보는 일을 뜻함.

ⓡ 望(바랄 망)은 같은 글자이나, 발음을 똑똑히 나타내는

  亡(망할 망)을 글자의 부분으로 삼은 것임.

ⓜ 나중에 망(亡+月+壬)은 만월(滿月),

  望(망)은 바라보는 일이라고 나누어 생각함.

---

2. 衝擊 : 충격

① 물체에 급격히 가하여지는 힘.

② 슬픈 일이나 뜻밖의 사건 따위로

  마음에 받은 심한 자극이나 영향.

③ 사람의 마음에 심한 자극으로 흥분을 일으키는 일.

衝 : 찌를 충 / 부딪칠 충

ⓐ 뜻을 나타내는 다닐 행(行 : 다니다, 길의 모양)部와

  음(音)을 나타내는 동시에 '꿰뚫다, 무겁다'의 뜻을 갖는

  重(무거울 중 → 충)으로 이루어짐.

ⓑ 마을을 꿰뚫면서, 발자국이 있는 길을 뜻함.

ⓒ 음(音)을 빌어 '부딪치다'의 뜻으로 쓰임.

擊 : 칠 격 / 부딪칠 격

㉠ 擊(부딪칠 격)의 본자(本字).

㉡ 뜻을 나타내는 손 수(手〈=扌〉: 손)部와

　음(音)을 나타내며 동시에 '친다'는 뜻을 가진

　부수(部首)를 제외한 글자 (격)으로 이루어짐.

㉢ '손으로 치다'는 의미로, 변이(轉)하여 '부딪치다'를 뜻함.

野						
들판 야						

望						
바랄 망						

野	望					
야	망					

衝						
찌를 충						

擊						
칠 격						

衝	擊					
충	격					

擊						
칠 격						

※ 반복연습을 원하시면 깨끗한 상태로 복사해서 사용하세요.

眺						
쳐다볼 망						

亡						
망할 망						

壬						
북방 임						

埜						
들판 야						

予						
줄 여						

里						
마을 리						

郊						
야외 교						

※ 반복연습을 원하시면 깨끗한 상태로 복사해서 사용하세요.

3. 支配 : 지배
① 어떤 사람이나 집단, 조직, 사물 등을
　자기의 의사대로 복종하게 하여 다스림.
② 외부의 요인이 사람의 생각이나 행동에
　적극적으로 영향을 미침.

支 : 지탱할 지
㉠ 又(또 우 : 손 → 가지다)와
　그 이외의 글자 竹(대 죽 : 대나무, 부채살 →
　여기서는 하나하나의 물건을 뜻함)로 이루어짐.
㉡ 하나하나의 물건을 갖다
　→ 유지하다, 보존하다, 버티다의 뜻임.

配 : 나눌 배 / 짝지을 배
㉠ 酉(닭 유/술그릇 유)와 己(몸 기)의 합자.
㉡ 己(기)는 사람이 누워있는 모습의 변형.
㉢ 사람이 술단지를 늘어놓는 모양에서 '늘어놓다'의 뜻을 나타냄.

4. 感動 : 감동

　크게 느끼어 마음이 움직임.

感 : 느낄 감 / 감정을 품을 감

㉠ 뜻을 나타내는 마음 심(心 : 마음, 심장)部와

　음(音)을 나타내는 咸(모두 함 → 감)이 합하여 이루어짐.

㉡ 戌(열 한번째 술 : 통틀어)과 口(입 구 : 소리)로 이루어진

　咸(함)은 많은 사람이 소리를 질러 적을 치다

　→ 모두, 남김없이의 뜻으로 쓰임.

動 : 움직일 동

　뜻을 나타내는 力(힘 력 : 팔의 모양 → 힘써 일을 하다)部와

　음(音)을 나타내는 重(무거울 중 → 동 :

　물건을 들어 올리거나 움직이거나 할 때의 반응 → 무게)이

　합하여 '움직이다'를 뜻함.

支						
지탱할 지						

配						
나눌 배						

支	配					
지	배					

感						
느낄 감						

動						
움직일 동						

感	動					
감	동					

又						
또 우						

※ 반복연습을 원하시면 깨끗한 상태로 복사해서 사용하세요.

竹						
대 죽						

酉						
술그릇 유						

己						
몸 기						

咸						
모두 함						

戌						
열한번째 술						

口						
입 구						

部						
분류 부						

※ 반복연습을 원하시면 깨끗한 상태로 복사해서 사용하세요.

Master Practical HanJa

부록(附錄)

1. 가차문자(假借文字)에 대하여

가차문자는 이미 있는 글자의 뜻에 관계없이 음이나 형태를 빌려 쓴다는 의미라고 한다. 본래 글자는 없는 상태에서, 소리만 존재하는 것을 소리가 같거나 비슷한 글자를 써서 적는다는 것에서 '假借(가차)'라고 부른다.

이를테면, '나'(1인칭 대명사)를 나타내는 말은 소리는 있었지만 글자가 없었는데, '나'를 나타내는 소리가 '큰 도끼'의 한 종류를 나타내는 '我(나 아)'라는 글자와 같기 때문에, '我'로써 '나'를 뜻하는 말로 사용하게 된 것이다.

요즘에 와서는 가차문자가 주로 외래어의 표기에 많이 사용되는데, '코카콜라'라는 말의 '가구가락(可口可樂)'이 대표적인 가차문자가 된다. 소리만 빌어서 사용한 대표적인 경우라고 볼 수 있다. 한국어 표기에 있어 한자어(漢字語)를 배제한다는 건, 먼 훗날에는 가능할 일인지 몰라도 현재로서는 불가능한 일이다.

그러나 가차문자만큼은 한자어를 배제하는 것이 불가능한 일은 아니다. 특히 현재 한국에서 쓰는 상당수의 가차문자는 그 **취지(한자어 발음을 빌어, 원어 발음을 표기하는 것)**에 크게 어긋나고 있기 때문에 문제가 된다.

가차문자는 대개 중국 이외의 '외국어' 발음을 한자를 통해 표기하는 것인데, 한국은 가차문자를 '만들기'보다는 '중국/일본'이 만든 단어를 들여오는 데에 열중한 관계로, 그 가차문자 단어를 만든 나라(일본, 중국)의 발음으로는 원어 발음에 유사한 발음이 나오지만, 한국어식 한자 발음으로는 원어 발음과 상당히 엉뚱한 발음이 나오는 문제가 발생하였기 때문이다.

歐 羅 巴	和 蘭	濠 洲
구라파 - 유럽	화란 - 네덜란드	호주-오스트레일리아

歐 羅 巴	和 蘭	濠 洲

※ 반복연습을 원하시면 깨끗한 상태로 복사해서 사용하세요.

佛蘭西	印度	印尼
불란서 - 프랑스	인도 - 인디아	인니 - 인도네시아

※ 반복연습을 원하시면 깨끗한 상태로 복사해서 사용하세요.

埃 及	亞 細 亞	英 國
애급 - 이집트	아세아 - 아시아	영국 - 잉글랜드

埃	及	亞	細	亞	英	國

※ 반복연습을 원하시면 깨끗한 상태로 복사해서 사용하세요.

獨	逸	香	港	露	西	亞

독일 - 도이칠란드　　　　향항 - 홍콩　　　　노서아 - 러시아

獨	逸	香	港	露	西	亞

※ 반복연습을 원하시면 깨끗한 상태로 복사해서 사용하세요.

巴 里	羅 城	西 班 牙
파리 - 파리	나성 - LA	서반아 - 스페인

巴	里	羅	城	西	班	牙

※ 반복연습을 원하시면 깨끗한 상태로 복사해서 사용하세요.

耶 蘇	基 督	耶 和 華
야소 - 예수	기독 - 그리스도	야화화 - 여호와(하나님)

耶 蘇	基 督	耶 和 華

※ 반복연습을 원하시면 깨끗한 상태로 복사해서 사용하세요.

釋	迦	牟	尼	俱	樂	部

석가모니 - 사크야 부족의 성자, 부처   구락부 - 클럽

釋	迦	牟	尼	俱	樂	部

※ 반복연습을 원하시면 깨끗한 상태로 복사해서 사용하세요.

佛	陀	希	臘	珈	琲	茶
불타 - 부다(Budda)		희랍 - 그리스		가배차 - 커피차		

佛	陀	希	臘	珈	琲	茶

※ 반복연습을 원하시면 깨끗한 상태로 복사해서 사용하세요.

泰 國	越 南	俄 羅 斯
태국 - 타이	월남 - 베트남	아라사 - 러시아

泰	國	越	南	俄	羅	斯

※ 반복연습을 원하시면 깨끗한 상태로 복사해서 사용하세요.

北 美 洲	蒙 古	愛 蘭
북미주 - 북아메리카주	몽고 - 몽골	애란 - 아일랜드

北 美 洲	蒙 古	愛 蘭

※ 반복연습을 원하시면 깨끗한 상태로 복사해서 사용하세요.

2. 중국(中國)의 영화용어

영화 - 전영(電影)

제목 - 편명(片名)

자국(自國)영화 - 국편(國片)

제작 - 감제(監製)

조명 - 등광(燈光)

각본 - 편극(編劇)

각본 및 감독 - 편도(編導)

주연 - 영함주연(領銜主演)

끝 - 극종(劇終)

극장 - 희원(戲院)

외화 - 외편(外片)

기획 - 책획(策劃)

촬영 - 섭영(攝影)

편집 - 전접(剪接) 또는 전집(剪輯)

감독 - 도연(導演)

출연자 - 연원(演員)

조연 - 주연(主演)

대작 - 대편(大片)

단역 - 연합주연(聯合主演) 또는 합연(合演)

분(扮) - 식(飾 : 어떤 역을 맡아 연기함)

무술감독 - 무술지도(武術指導, 무술영화가 아닐 경우는 動作指導)

특별 또는 우정출연 - 객관주연(客串主演) 또는 우정객관(友情客串)

電	影	戲	院	片	名	飾
전	영	희	원	편	명	식
電	影	戲	院	片	名	飾

※ 반복연습을 원하시면 깨끗한 상태로 복사해서 사용하세요.

外	片	國	片	策	劃	
외	편	국	편	책	획	

外	片	國	片	策	劃	

※ 반복연습을 원하시면 깨끗한 상태로 복사해서 사용하세요.

監	製	攝	影	燈	光	
감	제	섭	영	등	광	
監	製	攝	影	燈	光	

※ 반복연습을 원하시면 깨끗한 상태로 복사해서 사용하세요.

剪	接	剪	輯	編	劇	
전	접	전	집	편	극	

剪	接	剪	輯	編	劇	

※ 반복연습을 원하시면 깨끗한 상태로 복사해서 사용하세요.

導	演	編	導	演	員	
도	연	편	도	연	원	
導	演	編	導	演	員	

※ 반복연습을 원하시면 깨끗한 상태로 복사해서 사용하세요.

武	術	指	導	主	演	
무	술	지	도	주	연	

武	術	指	導	主	演	

※ 반복연습을 원하시면 깨끗한 상태로 복사해서 사용하세요.

動	作	指	導	合	演	
동	작	지	도	합	연	
動	作	指	導	合	演	

※ 반복연습을 원하시면 깨끗한 상태로 복사해서 사용하세요.

領	銜	主	演	劇	終	
영	함	주	연	극	종	
領	銜	主	演	劇	終	

※ 반복연습을 원하시면 깨끗한 상태로 복사해서 사용하세요.

聯	合	主	演	大	片	
연	합	주	연	대	편	
聯	合	主	演	大	片	

※ 반복연습을 원하시면 깨끗한 상태로 복사해서 사용하세요.

嘉	禾	電	影	公	司	
가	화	전	영	공	사	
嘉	禾	電	影	公	司	

※ 반복연습을 원하시면 깨끗한 상태로 복사해서 사용하세요.

邵	氏	有	限	公	司	
소	씨	유	한	공	사	

邵	氏	有	限	公	司	

※ 반복연습을 원하시면 깨끗한 상태로 복사해서 사용하세요.

唐	山	大	兄	精	武	門
당	산	대	형	정	무	문

唐	山	大	兄	精	武	門

※ 반복연습을 원하시면 깨끗한 상태로 복사해서 사용하세요.

猛	龍	過	江	李	小	龍
맹	롱	과	강	이	소	롱

猛	龍	過	江	李	小	龍

※ 반복연습을 원하시면 깨끗한 상태로 복사해서 사용하세요.

死	亡	遊	戲	黃	飛	鴻
사	망	유	희	황	비	홍
死	亡	遊	戲	黃	飛	鴻

※ 반복연습을 원하시면 깨끗한 상태로 복사해서 사용하세요.

李	連	杰	成	龍	王	羽
이	연	걸	성	룡	왕	우

李	連	杰	成	龍	王	羽

※ 반복연습을 원하시면 깨끗한 상태로 복사해서 사용하세요.

3. 신문한자 영화광고 원본

본 교재를 학습한 다음,

이 책에 사용된 신문광고를 통해

본인의 한자실력을 테스트 해보기 바란다.

영화광고에는 나와 있으나,

이 책에 수록되지 않은 한자는

옥편 (玉篇)을 통해 찾은 다음,

공부하기 바란다.

▲ 죽엄의 다리(1974년 4월 20일 개봉)

▲ 용쟁호투(1973년 12월 20일 개봉)

▲ 속 황야의 무법자(1966년 11월 12일 개봉)

▲ 쟝고(1967년 11월 24일 개봉)

▲ 사묘학권(1980년 8월 15일 개봉)

▲ 십계(1982년 7월 28일 재개봉)

▲ ○시의 호텔(1983년 5월 20일 개봉)

▲ 쇼군(1981년 12월 26일 개봉)

▲ 솔져(1982년 12월 18일 개봉)

▲ 중원대협(1978년 8월 12일 개봉)

▲ 스카페이스(1984년 12월 8일 개봉)

- 에필로그 -

본인이 만든

'마스터 실용한자 사이트(http://blog.daum.net/cinemart)'이다.

여러 가지 한자에 관련된 내용이나 질문 등을

할 수 있게 꾸며져 있다.